청소년을 위한 우리 불교사

청소년을 위한

우리 불교사

서인원 · 송치중 · 이은령 · 강승호 지음

종이와
종나무

한반도 역사는 불교와 밀접한 관계를 지니고 있습니다. 그래서 불교
역사를 모르고 한국사를 말하는 것은 생명의 근원이자 전체를 지탱하는
깊은 뿌리를 보지 못하는 나무처럼 부실할 수밖에 없습니다. 그럼에도 불
구하고 청소년을 위한 불교역사책은 만나기가 쉽지 않습니다. 참 안타까
운 현실입니다. 어떻게 하면 청소년들에게 한국불교의 역사를 제대로 알
려줄 수 있을까?《청소년을 위한 우리 불교사》는 이러한 고민에서 출발하
였습니다. 우리 불교사회연구소는 이 책을 펴내기 위해 각고의 노력을 하
였습니다. 역량 있는 선생님들을 섭외하고 협의를 거치며 1년여에 걸쳐 집
필을 하였습니다. 그리고 완성된 원고를 각 분야 전문가인 출·재가 학자
들에게 감수를 받아 내용의 공정성을 확보하였습니다. 아울러 청소년들
이 쉽게 책을 읽을 수 있도록 사진과 그림을 풍부하게 첨부했고, 〈더 알아
보기〉 코너를 곁들여 어려운 주제를 쉽게 파악할 수 있게 하였습니다. 이
를 통해 불교가 인도, 중국을 거쳐 한국에 전해진 2,600여 년간의 흐름을
한 눈에 파악할 수 있게 만든 것입니다. 청소년들이 불교역사에 대한 상식
을 갖추고, 불교사상과 문화까지 이해해서 풍부한 교양을 갖추는 것은 물
론이요, 대학진학에도 도움이 되도록 역사 과목 선생님들이 심혈을 기울
였습니다. 이 책을 꼼꼼하게 읽는다면 불교의 역사, 사상, 문화를 아우르는
일석삼조의 효과를 거둘 수 있을 것입니다.

"인간을 인간답게 만드는 것은 책이다."라는 말이 있습니다. 사람이 책을 만들지만, 그 책이 다시 사람의 지성을 자라나게 합니다. 이번에 발간하는《청소년을 위한 우리 불교사》가 역사에 대한 청소년들의 시야를 넓혀 줄 것이라 믿습니다. 이 책이 많은 분들에게 소중한 마음의 양식이 되기를 바랍니다. 지면을 빌어 우리 연구소 권기찬 연구원과 윤문에 심혈을 기울여 주신 이미령 선생님을 비롯하여 출판을 위해 수고하신 모든 분들에게 감사의 인사를 드립니다. 앞으로도 우리 불교사회연구소는 좋은 책과 연구보고서로 여러분과 만날 것을 약속합니다. 감사합니다.

불기2562(2018)년 9월
대한불교조계종 불교사회연구소장   주 경

윈스턴 처칠은 "과거를 잊은 국가에게 미래는 없다(A nation that forgets its past has no future)"라고 말했습니다. 옛것을 통해 새것을 알게 되는 온고지신溫故知新의 정신이 필요한 이유입니다. 선인들의 발자취를 기록한 역사에서 교훈을 얻지 못하는 개인이나 국가에서 발전을 기대하기는 어렵습니다. 그러한 사실을 절감했기 때문에 일찍이 우리 선인들은 사초史草를 상세하게 기록하여 실록實錄을 편찬하였고, 그 결과물인 『조선왕조실록』은 세계문화유산에 등재되어 세계적인 보물이 되기도 하였습니다.

우리 역사에서 불교는 특별한 위치를 차지하고 있습니다. 1,600년 전 한반도에 전래된 불교는 이후 우리 민족과 함께 웃고 울며 지내왔습니다. 삼국시대부터 고려까지 사찰들은 산 속 뿐만 아니라 도시에서도 번성하였고, 찾아오는 사람들로 북적였습니다. 불교는 백성들의 종교적 의지처였고, 아울러 그들의 희로애락을 펼친 터전이었습니다.

국왕들은 훌륭한 스님을 국사國師나 왕사王師로 임명하여 나라를 위한 자문을 구했습니다. 보조 스님, 의천 스님, 태고 스님, 나옹 스님, 무학 스님 등이 그러한 분입니다. 그리고 임진왜란 같은 국난의 시기에는 스님들도 분연히 일어나 전쟁터를 누볐습니다. 승장僧將으로 유명했던 서산 스님, 사명 스님, 영규 스님, 처영 스님 같은 분들의 법명을 모르는 한국인은 없을 것입니다. 일제시대에는 독립운동에 헌신했던 만공 스님, 용성 스님, 만해 스님도 계셨습니다.

이처럼 불교는 단순한 종교가 아니라 한국의 역사입니다. 그래서 불교 역사를 모르고서는 한국사를 이야기할 수 없으니, 한국사에서 불교가 차지하는 비중이 그만큼 크기 때문입니다. 세종대왕이 한글을 창제한 다음 해 발간했던 책이 석가모니 부처님 일대기를 서술한 『월인천강지곡月印千江 之曲』이라는 사실만 봐도 알 수 있습니다.

그럼에도 불구하고 자라나는 청소년들이 우리 불교사를 쉽게 배울 수 있는 책이 부족하다는 점이 늘 아쉬웠습니다. 그러던 차에 이번에《청소년 을 위한 우리 불교사》가 발간된다는 소식을 접하고 무척 반가웠습니다. 원 고를 살펴보니, 인도에서 발원하여 한국에 전래되는 과정을 시작으로 불 교의 사상, 문화, 역사적 측면을 일목요연하면서 흥미롭게 서술하고 있었 습니다. 2,600년 불교사를 한 눈에 조망할 수 있는 책이라고 생각합니다. 불자들이 '환희심歡喜心'이란 말을 자주 쓰는데, 참으로 환희심이 느껴지는 일입니다.

1년여에 걸쳐 원고 집필에 심혈을 기울이신 필자 여러분, 그리고 정갈 한 책으로 만들어주신 종이와나무 여러분의 노고에 감사드립니다. 아울러 이 사업을 기획하고 진행하였던 불교사회연구소 소장 주경 스님과 연구진 에게도 치하의 말씀을 드립니다. 이번《청소년을 위한 우리 불교사》발간 을 계기로, 우리 청소년들을 위한 불교 서적들이 앞으로 더 많이 나오기를 기대합니다. 감사합니다.

불기2562(2018)년 9월
동국대학교 총장 한보광 합장

차 례

천상천하 유아독존을 외치다

석가모니의 탄생 장면을 그린 불화

수많은 종교인과 사상가들이 저마다 자기가 전하는 가르침이 진리라고 주장하던 고대 인도, 그곳에서 석가모니 부처님이 태어났습니다. 부처님의 탄생은 종교적으로나 역사적으로 중요한 사건입니다. 인도 역사 뿐만 아니라 세계사에서도 가장 중요한 종교 가운데 하나인 불교가 부처님의 탄생과 함께 시작되었기 때문입니다. 그런데 부처님의 탄생설화에 따르면, 아기부처님은 태어나자마자 일곱 걸음을 걷고 '천상천하 유아독존'이라고 외쳤다고 합니다. 갓난아기가 외쳤다는 이 말에는 어떤 뜻이 담겨 있고, 이런 설화는 어떤 의미를 갖는 것일까요?

인도 인더스강 상류 펀자브 지방의 하라파와 모헨조다로 유적에서 청동기 유물이 발굴되었습니다. 세계 4대문명 가운데 하나인 기원전 2500년경 인도(인더스)문명의 정체가 밝혀지는 순간입니다. 이 유적에서는 거대한 목욕탕과 구운 벽돌로 지은 집들이 발굴되었는데, 이것은 사제들이 종교의식을 올리기 위해 쓰던 것으로 추측됩니다. 인도문명의 주인공들은 청동기로 만든 도구와 채색된 무늬가 있는 토기인 채도(彩陶)를 사용했고, 문자를 만든 흔적도 남기고 있습니다. 또한 메소포타미아 지방과 해상 무역을 펼치기도 했지요.

그러나 인도문명은 기원전 1800년경부터 홍수 등으로 물길이 바뀌면서 서서히 쇠퇴하였고, 기원전 1500년경에는 중앙아시아에 있던 아리아 인이 북인도 지방으로 남하하여 펀자브 지방에 정착하였습니다. 오늘날 인도인의 대다수를 차지하는 아리아 인들은 기원전 1000년경에는 갠지스 강까지 진출하였습니다.

갠지스 강에 정착한 아리아 인들은 잦은 홍수와 습기가 많은 악조건을 무릅쓰고 철기문화를 크게 발전시켰습니다. 이들은 가부장 중심의 사회를 이루면서 소를 신성시하는 전통을 유지하였습니다. 또한 정복한 원주민들을 지배

기원전 10~15세기 아리아인의 이동

카스트
혈통을 뜻하는 포르투칼어 카스타에서 유래된 말입니다. 인도의 독특한 신분제도를 가리키고 있지요.

우파니샤드
우파니샤드는 산스크리트어로 '가까이 앉다'라는 뜻입니다. 제자는 스승을 모시며 스승에게서 가르침을 비밀스럽게 전수받는데, 이는 그 당시 인도의 전통적인 가르침의 방식이었습니다. 우파니샤드는 베다의 주석서였을 가능성이 높은데, 브라만교의 정형화된 제사 의식 등을 반대하고 철학적인 측면을 연구하였습니다. 후에 힌두교의 가장 중요한 사상이 되었는데, 우주의 근본 원리인 범(梵)과 개인의 본체인 아(我)가 같다는 범아일여(梵我一如) 사상이 주축을 이룹니다.

계율
불교에 귀의한 사람이 몸[身]과 입[口]과 마음[意]에 의해 일어날 수 있는 일체의 악(惡)을 방지하기 위하여 지켜야 할 행위 규범을 의미합니다.

하기 위하여 계급제도도 만들었습니다. 카스트라 불리는 이 제도는 사제인 브라만, 왕족과 귀족인 크샤트리아, 일반 평민인 바이샤, 노예인 수드라의 네 계급으로 구성되었습니다. 가장 높은 계급인 브라만은 자신들의 특권을 유지하기 위해 태양, 물, 불 등 자연현상을 신격화하고 복잡한 종교의식을 만들어 발전시켰습니다. 이를 바탕으로 '브라만교'가 성립하였고, 신을 찬미하는 노래인 《베다》는 브라만교의 경전이 되었습니다. 브라만교는 세상을 창조했다는 브라흐마신을 섬기는 종교입니다. 이 신에게 제사지낼 수 있는 자격이 자신들에게만 있다고 주장한 브라만 계급 사람들은 다른 계급을 천시했습니다.

기원전 7세기 무렵 갠지스 강 유역에서는 부족 간의 정복 전쟁이 활발해지고 상업이 발달하면서 크샤트리아와 바이샤 계급이 성장하였습니다. 특히 상업과 교역이 발달하면서 도시가 성장하였는데, 도시 상인들은 조합을 만들어 세력을 넓혀나갔습니다. 크샤트리아 계급도 정복 전쟁을 통하여 세력을 키워가면서 브라만 계급을 견제했습니다. 계급제도에 대한 불만과 형식화된 브라만교의 제사 의식을 반대하는 분위기가 형성되면서 브라만교 내부에서도 개혁 운동이 전개되었고 그 결과 우파니샤드 철학이 등장하였습니다. 또한 브라만교 중심의 사회 체제에 만족하지 못하던 계층을 중심으로 계급제도를 부정하는 새로운 종교가 등장하였는데, 대표적인 것이 자이나교와 불교였습니다. 지나칠 정도로 엄격하게 계율을 지키고 혹독하게 몸을 괴롭히는 고행을 해야만 해탈할 수 있다고 주장한 자이나교는 특히 상인 계층인 바이샤의 큰 지지를 얻었습니다.

⚙ 석가모니의 탄생

기원전 7세기 경, 인도 히말라야 남쪽 갠지스강 하류에 자리한 석가족의 나라 카필라 성에 경사가 벌어졌습니다. 숫도다나왕과 마야왕비 사이에서 자식이 태어났기 때문입니다. 룸비니 동산에서 태어난 태자는 모든 것을 이루었다는 뜻의 싯다르타라 불렸습니다. 싯다르타는 자라서 훗날 석가모니 부처님이 됩니다. 석가모니란 석가족의 성자라는 뜻입니다.

부처님 즉 싯다르타는 몇 년도에 태어났을까요? 안타깝게도 정확한 연대를 알 수 없습니다. 그 당시는 꼬박꼬박 문자로 기록하던 시절이 아니었기 때문입니다. 학자들은 대략 기원전 600년대를 석가모니 탄생시기로 봅니다. 물론 기원전 400년대에 탄생한 인물이라고 추정하는 학자들도 있지요. 현재 세계적으로 쓰고 있는 석가모니의 탄생연도는 기원전 624년입니다. 우리나라 불교계에서도 이 연도를 채택하고 있으며, 부처님은 80년을 사셨기 때문에 기원전 544년에 세상을 떠났다고 합니다.

싯다르타의 탄생은 신비롭습니다. 부처님 오신 날에 절에 가보면 자그마한 아기부처님상을 본 적이 있을 거예요. 그런데 그 아기부처님은 연꽃 위에서 걷는 자세를 취한 경우가 많지요. 그리고 오

고행
육체의 욕망을 끊고 깨달음을 얻기 위하여 여러 가지 힘들고 고통스러운 행위를 하는 것입니다.

해탈
풀려난다는 뜻을 가진 해탈은 인도의 모든 종교가 지향한 최종 목표입니다. 인간이 괴로운 이유는 진리를 알지 못하는 어리석음 때문이라고 보고, 각 종교들은 저마다의 방법으로 어리석음을 떠나 괴로움에서 풀려나는 길을 제시하였지요.

른손으로 위를 가리키고 있습니다. 싯다르타는 어머니인 마야왕비의 오른쪽 옆구리에서 태어나자마자 동서남북으로 일곱 걸음을 걸은 뒤에 우뚝 서서 이렇게 외쳤다고 합니다.

"하늘 위나 하늘 아래에서 내가 가장 존귀하다. 온 세상이 모두 괴로움에 힘겨워하고 있으니 내가 저들을 편안하게 해주리라."

바로 저 유명한 '천상천하 유아독존 삼계개고 아당안지'라는 말입니다. 부처님의 탄생과 관련해서는 빠지지 않는 이야기입니다. 정말 신비롭지요? 그런데 너무나 비현실적이라서 받아들이기가 어렵습니다. 하지만 이 이야기는 그 속에 어떤 메시지를 담고 있습니다. 따라서 글자 그대도 무조건 믿어야 하기 보다는 신비로운 이야기가 상징하는 내용을 알아보는 것이 중요합니다.

자, 그렇다면 대체 어떤 의미가 담겨 있을까요? 먼저 어머니의 오른쪽 옆구리(혹은 겨드랑이)에서 태어났다는 일화부터 살펴보기로 하지요.

당시 인도 사회는 신분제도가 엄격했습니다. 가장 높은 계급은 사제계급인 브라만, 그 다음은 왕족과 무사계급인 크샤트리아, 그 다음은 서민 계급인 바이샤, 마지막은 위의 계급에 복종하고 심부름을 해야 하는 수드라입니다. 카스트제도라 불리는 이 신분제도는 신분에 따라 출생 자체도 다르기 때문에 낮은 계급일수록 천할 수밖에 없다고 주장했습니다. 이런 주장은 고대 인도의 성전인 베다에 근거합니다. 베다에는 푸루샤라는 최초의 인간이 등장합니다.

이 푸루샤의 입에서 브라만 계급이 나왔고, 푸루샤의 몸의 중간에 해당하는 양팔에서는 왕족계급인 크샤트리아가, 무릎에서는 바이샤가, 그리고 두 발에서는 수드라 계급이 나왔다는 것이지요. 태어나는 경로 자체가 차별되기 때문에 낮은 계급은 절대로 신분상승을 할 수 없다고 여겼습니다.

이런 관념에서 어머니의 옆구리에서 태어났다고 하는 석가모니 부처님 이야기는 어떻게 받아들여야 할까요? 양팔은 아니지만 그 부위에 해당하는 옆구리이므로, 이 이야기는 부처님의 사회적 신분이 크샤트리아 계급이었음을 뜻한다고 봅니다. 또한 왼쪽은 불결하고 오른쪽은 신성하게 여겼던 인도 사람들의 통념상 오른쪽 옆구리라고 하는 것입니다.

그리고 태어나자마자 일곱 걸음을 걷고 '천상천하 유아독존'을 외쳤다는 탄생신화도 사실이라고 믿기에는 무리입니다. 이 또한 의미하는 바가 있습니다. 사람들 마음속에는 욕심과 성냄과 어리석음이 가득 차 있습니다. 이 세 가지를 번뇌라고 부르는데, 이 때문에 이기적인 행동을 하고 인생이 더 힘들어지는 것이지요. 하지만 이런 번뇌를 털어내는 수행을 열심히 하면 세상에서 가장 훌륭하고 귀한 사람이 될 수 있습니다. 그러니 아기 부처님이 외쳤다는 그 말은, 장차 이 아기가 자라서 열심히 수행하여 욕심과 어리석음을 모두 없애어 귀한 인물이 된다는 것을 의미하며, 싯다르타뿐만 아니라 그 누구라도 수행을 하면 그렇게 귀한 사람이 될 수 있다는 것을 세상을 향해 밝히는 것이지요.

　한편, 바라고 바라던 자식이 태어나자 아버지인 숫도다나왕은 행복해서 견딜 수 없었습니다. 그는 세상을 떠나 숲속에서 수행하는 성자들을 불러서 아기의 장래를 축복해달라고 청했습니다. 그런데 이 성자들이 아기의 모습을 살펴보면서 이렇게 예언을 했습니다.

　"장차 태자께서는 전륜성왕이 되어 온 세상을 평화롭게 다스릴 것입니다. 하지만 만일 태자께서 성을 나가 수행자가 되면 온 세상에 지혜를 나눠주는 부처님이 될 것입니다."

　아버지인 숫도다나왕은 사랑하는 태자가 부처님이 되기보다는 전륜성왕이 되기를 바랐습니다. 그래서 태자를 위한 궁전을 따로 짓고 세상에서 가장 즐겁고 호화로운 생활을 하도록 했습니다. 수행을 하려는 생각조차도 일으키지 않게 하려고 말이지요.

전륜성왕 부조

전륜성왕　인도 신화에 등장하는, 세계를 통일하여 지배하는 이상적인 제왕을 의미합니다. 불교뿐만 아니라 자이나교와 힌두교와 옛 비문 등에도 나타나고 있어서 불교에서만 쓰는 말이 아닙니다. 전륜성왕은 무력으로 세상을 다스리지 않고 진리의 수레바퀴를 굴려 평화롭게 세상을 다스리는데 그 모습은 부처와 다를 바가 없다고 합니다. 전륜성왕에는 금륜·은륜·동륜·철륜왕의 네 왕이 있으며, 인간의 수명이 2만 세에 도달하면 제일 먼저 철륜왕이 출현하여 천하의 왕이 되고, 2만 세마다 동륜왕·은륜왕이 차례로 나타나며, 인간 수명이 8만 세에 도달하면 금륜왕이 나와 사방 천하를 다스린다고 알려졌습니다. 역사상 전륜성왕으로 불린 인물로는 인도 마우리아 왕조의 아소카왕이 있습니다.

✵ 태자, 성을 나서다

싯다르타 태자가 태어난 지 7일 만에 어머니인 마야왕비가 세상을 떠납니다. 이모인 마하파자파티가 어머니를 대신해 지극한 사랑 속에서 태자를 길렀지요. 어린 시절 태자는 누구보다 영특했으며, 또래 왕자들과 달리 깊이 생각에 잠기는 성격이었다고 합니다.

석가족은 농업을 중시하는 부족입니다. 한 해의 농사를 알리는 농경제가 열리던 날, 태자는 나무 아래에서 안타까운 광경을 보게 됩니다. 농부가 일구어놓은 흙에서 벌레가 막 기어 나왔는데, 그 벌레를 새가 날아와 쪼아 먹었던 것입니다. 세상을 향해 나오기 무섭게 자기보다 더 힘이 센 동물에게 잡아먹히는 광경을 목격했을 때 싯다르타의 나이 일곱 살이었다고 합니다. 일설에는, 어린 태자는 이 광경을 보면서 죽고 죽이는 세상의 순환과 목숨의 덧없음을 사색하게 되었다고 하는데, 굉장히 조숙했음을 알 수 있습니다.

그러나 싯다르타가 인생에 대해 진지하게 사색하기 시작한 것은 청년시절의 일입니다. 화려한 궁전에서만 지내다가 성문 밖으로 나가 자신의 두 눈으로 세상을 관찰하면서부터입니다. 동쪽 문으로 나갔다가 호호백발 노인을 만나게 됩니다. 허리가 구부러졌고, 손발이 부들부들 떨리며, 제대로 걷지 못해 지팡이를 짚고 있었지요. 태자는 이 모습에서 '인간은 누구나 저렇게 늙음을 피할 수 없다'는 사실을 절감합니다. 자신도 장차 저런 모습이 되리라는 것을 새삼 깊이 깨달았던 것이지요. 다시 남쪽 문으로 나갔다가 피고름을 흘

리며 병들어 있는 병자를 만나게 되는데 싯다르타는 병자의 모습을 보는 순간 지금 그토록 건강한 몸이라 해도 자신 역시 병을 피할 수 없는 존재임을 깨닫습니다. 이후 서쪽 문으로 나갔다가 상여에 실려 나가는 시신을 보고서는, 태어난 자는 누구나 죽게 마련이요, 아무리 온갖 권력과 재물을 가졌다 해도 죽으면 그 중 어느 것도 그를 따라가지 않는다는 것을 알게 됩니다. 한 나라의 왕자인 싯다르타 본인도 죽음을 피할 수 없음을 깨닫습니다.

그러다 다시 북쪽 문으로 나갔다가 집을 떠나 수행하는 이를 만나게 됩니다. 그런데 앞서 늙고 병들고 죽은 자의 모습에서 보았던 힘들고 괴로운 기색은 수행자에게서 전혀 찾아볼 수 없었습니다. 싯다르타는 자신도 집을 떠나 수행하면 이렇게 해탈의 행복을 맛볼 수 있으리라는 생각을 하게 됩니다. 동서남북 사대문을 통해 인생의 생로병사와 해탈의 경지를 목격하는 것을 사문유관이라고 부릅니다.

아버지 숫도다나왕이 우려했던 일이 벌어지고 말았습니다. 싯다르타는 결국 왕자의 자리를 버리고 출가하기로 마음먹습니다. 한 나라의 왕위보다 생로병사의 고통을 벗어나 해탈의 즐거움을 얻어서 사람들에게 그 행복을 나눠주는 일이 더욱 커다란 가치가 있다고 판단했기 때문입니다. 아버지의 만류에도 불구하고 성을 나선 것은 싯다르타 나이 29세 때의 일입니다.

싯다르타는 성을 나와서 여러 스승을 찾아다니며 온갖 수행을

사문유관
석가가 태자로 있을 때 카필라성 네 개의 성문을 통해 밖으로 나갔다가 생로병사와 아울러 수행자를 보고 출가를 결심한 일을 말합니다.

두루 체험하고, 당시 널리 유행하던 고행까지도 실천합니다. 하지만 그 어떤 것도 그에게 해탈의 행복한 경지를 안겨주지 못했습니다. 결국 그는 기존의 수행법을 모두 버리고 독자적으로 수행을 완성하기로 합니다. 다시금 기운을 차리고 보리수 아래에 앉은 싯다르타는 이렇게 결심하지요.

"도를 이루지 못하면 이 자리에서 일어나지 않겠다."

그는 차분히 사색을 해나가면서 깊은 선정에 잠깁니다. 참선의 깊은 경지로 들어가자 지혜가 생겨나고, 마침내 칠일이 지나 새벽별이 뜰 때 즈음 싯다르타의 마음속에는 욕심과 성냄과 어리석음이 완전히 사라지게 됩니다. 그토록 고대하던 깨달음을 얻은 것이지요. 그는 이후 자리를 옮겨가며 계속 사색을 진행해 나갑니다. 그리하여 사람들이 태어나고 늙고 병들고 죽어가면서 고통에 몸부림치고 불안해하는 이유를 더욱 세밀하게 찾아나갑니다. 마침내 생로병사 고통은 지혜를 갖지 못해서 벌어진 일임을 깨닫습니다. 지혜가 없는 상태를 무명無明이라고 합니다. 무명이라는 인연 때문에 인간의 괴로움이 생겨날 수밖에 없는데, 이 이치를 연기법緣起法이라고 부릅니다.

이제 싯다르타는 깨달은 자라는 뜻의 부처님이라 불리게 됩니다. 깨닫고 나니 마음이 말할 수 없이 평화로웠습니다. 그 어떤 복잡한 일도 문제가 되지 않았습니다. 사람들이 갈등하고 싸우는 이유를 환히 보게 되었고, 해결책도 보였습니다. 그는 자신이 깨달은 진리를 혼자만 간직할 수 없었습니다. 어서 세상에 전해서 온 세상

무명
무명은 진리에 대한 근본적인 무지(無知)입니다. 이 세상의 모든 것은 변하고 흩어져 영원한 것이 없습니다. 실제로는 영원한 것이 없는 데도 영원하다고 착각하여 강한 집착을 하는 것을 무명이라 합니다.

사람들도 욕심과 성냄과 어리석음을 떠나게 되기를 바랐습니다.

보리수 아래를 떠난 부처님은 녹야원이라는 곳으로 향합니다. 그곳에는 예전에 자신과 함께 고행을 하다 떠나간 다섯 명의 수행자가 살고 있었기 때문입니다. 부처님은 그들에게 자신의 깨달음을 전해주고, 이 다섯 명의 수행자가 부처님의 첫 번째 제자가 됩니다.

이렇게 해서 이 세상에는 세 가지 보물 즉 삼보三寶가 탄생합니다. 삼보란 부처님인 불佛, 가르침인 법法, 부처님의 출가제자인 승僧의 세 가지 보배를 말합니다.

부처님은 이후 잠시도 한 곳에 머물지 않고 많은 곳을 두루 다닙니다. 한 사람이라도 더 진리를 얻게 하려는 바람 때문이었지요. 수많은 사람들이 부처님의 제자가 되어 출가하였고, 그들은 열심히 수행해서 성자가 되었습니다. 그렇게 45년 동안 부처님은 맨발로 걸어다니며 진리를 전파했고, 마침내 80세에 이르러 세상을 떠날 때가 되었음을 직감합니다. 부처님은 쿠시나가라라는 지역에 자리한 사라나무 숲으로 향합니다. 두 그루 사라나무 사이에 오른쪽 옆구리를 바닥에 대고 누운 부처님은 제자들을 향해 당부했습니다.

삼보
불법승(佛法僧)을 삼보라고 합니다. 불은 부처님, 법은 부처님의 가르침. 승은 부처님의 가르침을 따르는 출가집단을 말합니다.

쿠시나가라 열반당

20

"자신을 등불로 삼고 진리를 등불로 삼으라. 세상은 때를 기다려주지 않는다. 부지런히 노력하고 정진해서 그대들이 목적한 바를 반드시 이루도록 하라."

이렇게 유언을 남기신 뒤 조용히 눈을 감습니다. 제자들은 깊은 슬픔에 잠기지만 스승의 유언을 가슴에 새깁니다. 제자들의 노력으로 부처님의 가르침은 오늘날까지 이어져 오면서 수많은 사람들의 마음을 평화롭게 어루만져 주고, 지혜의 눈을 뜨게 해주었습니다. 진리를 존중하는 사람들의 아름다운 결실이라 하지 않을 수 없습니다.

더 알아보기

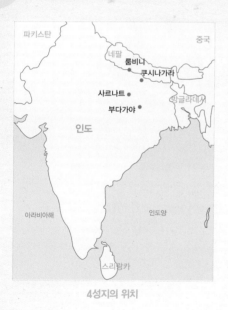

4성지의 위치

불교에는 4대성지聖地가 있다고 하던데 어디 어디를 가리키나요?

석가모니의 생애와 관련된 네 곳의 중요한 지역을 4성지라고 합니다. 석가모니가 탄생한 룸비니Lumbini 동산, 깨달음을 얻은 부다가야Buddha Gaya, 35세에 성도한 뒤 최초로 설법을 한 사르나트Sarnath(녹야원), 열반에 든 쿠시나가라Kusinagara가 바로 그곳입니다. 지금도 많은 불교도들이 찾아가는 중요한 불교 성지입니다.

경전을 결집하다

칠엽굴

칠엽굴은 석가모니 부처님이 열반한 직후 뛰어난 제자 500명이 모여 생전의 법문을 결집한 곳입니다. 법문을 모으는 작업을 결집이라 하는데 이 결집에서 성자들이 모은 가르침은 훗날 불교가 지금까지 전해지는 데 결정적인 역할을 했지요. 그들이 암송하여 전해준 부처님 가르침이 훗날 문자로 기록되었고, 이것이 팔만대장경을 비롯해 지금 우리에게 전해진 경전이 되었습니다.

✸ 마우리아 왕조의 북인도 통일과 아소카 왕의 등장

기원전 6~5세기부터 갠지스 강 유역 문화에서는 농업기술이
정착되고 철을 더 많이 사용하게 됩니다. 그 결과 농업에서 잉여생
산이 가능해졌으며, 상업이 발달하고 도시 집중 현상이 두드러지면
서 여러 국가가 등장하여 서로 경쟁하였습니다.

잉여생산
먹고 살기에 필요한 이상의 생
산물을 만들어내는 것입니다.

북인도에서 아리아 인의 영향력은 점차 확대되어 갔지만 정치
적으로는 수많은 작은 국가들로 나뉘어 있었습니다. 기원전 4세기
경 알렉산드로스 원정군이 인더스 강 유역을 침입하자 인도인의 통
일 의지는 큰 자극을 받습니다. 당시 인도는 난다 왕조의 마가다국
이 지배하고 있었습니다. 그런데 이 나라의 크샤트리아 계급 출신
인 찬드라굽타가 인더스 강 상류 지역에서 군사를 일으켜 난다 왕
조를 무너뜨렸습니다. 마가다국의 새로운 왕이 된 그는 인도 중서
부 지역으로 영토를 확장했습니다. 마침 알렉산드로스의 군대가 서
쪽으로 후퇴하여 지방 권력이 와해되자 이를 기회로 삼았던 것이
지요. 이후 알렉산드로스가 죽자 찬드라굽타는 남부의 타밀 지방을
제외한 인도대륙의 대부분을 차지하였습니다. 이렇게 해서 서쪽으
로는 아프가니스탄, 동쪽으로는 벵골 만에 이르는 인도 최초의 통
일 국가인 마우리아 제국이 세워집니다.

아소카 왕의 돌기둥
돌기둥 위에 부처님의 가르침
을 널리 전한다는 뜻을 담은
수레바퀴(법륜)를 새겨 넣고
사자, 소 등을 조각하였으며,
그 아래 기둥 부분에 포고문
을 새겼습니다.

마우리아 왕조의 3대왕으로 등장한 아소카 왕은 기원전 3세기
경 남부를 제외한 인도대륙 대부분을 통일하여 전성기를 열었습니
다. 아소카 왕의 업적은 그가 공포한 칙령들을 정교하게 돌에 새겨

칙령
임금이 신하나 백성들에게 내
리는 명령을 적은 글입니다.

전국에 세웠던 비문을 통해 알려졌습니다. 이 비문은 판독이 가능한 인도의 옛 기록 중에서 가장 오래된 것으로, 이 비문을 새긴 돌기둥을 아소카 왕의 석주라고 합니다. 왕위에 오른 지 9년째 되던 해에 아소카 왕은 인도 남동부의 칼링가 지방을 정복했습니다. 그러나 칼링가 전쟁에서 자신이 벌인 참상에 스스로 큰 충격을 받아 정복사업을 중지합니다. 이후 불교를 믿으면서 제국의 통합에 힘쓰며 불경을 정리하고 스투파(탑)를 세우는 등 불교 보호와 포교에 힘썼습니다. 또한 그는 자신의 아들과 딸을 스리랑카로 보내어 불교를 전파했습니다. 이로써 그동안 인도 안에서만 머물던 불교는 처음으로 인도 밖으로 퍼지기 시작합니다.

산치대탑
기원전 3세기에 아소카 왕이 석가모니의 사리를 모시기 위해 건립했습니다. 높이 16m, 지름 36m가 넘는 거대한 규모입니다. 현재의 모습은 후대에 증축한 것입니다.

아소카 왕이 죽은 뒤 마우리아 왕조는 급속하게 쇠퇴하고, 인도는 다시 분열되어 혼란에 빠졌습니다. 이후 기원전 1세기경 남부의 데칸 고원을 중심으로 안드라 왕조가 일어났습니다. 이 왕조는 로마와 동남아시아의 해상무역을 통해 번성했는데 이 교역 활동으로 불교와 브라만교가 남인도에 확산되었습니다.

한편, 인도 북부에서는 유목민족인 쿠샨 족이 쿠샨 왕조를 열어 중국, 인도, 페르시아를 연결하는 교역로를 독점하고 중계무역을 통해 번영하였습니다. 쿠샨 왕조는 2세기 중엽에 카니슈카 왕이 등장하면서 전성기를 맞이하였습니다. 카니슈카 왕은 간다라 지방을 중심으로 정복활동을 벌여 북인도와 중앙아시아에 이르는 대제국을 건설하였습니다. 그는 왕권을 강화하는 동시에 학문과 불교를 적극적으로 장려하였습니다. 카니슈카 왕은 스님을 스승으로 모시고 열심히 경전을 공부했습니다. 그런데 공부하다 보니 조금 더 정확한 내용을 알고 싶어졌고, 그의 이런 열정은 경전의 제4차 결집으로 이어집니다. 또한 쿠샨 왕조 시대에는 불상이 만들어집니다. 석가모니 부처님은 너무나 위대한 분이라는 생각에 그 이전에는 감히 그림으로 그리거나 상을 만들 엄두를 내지 못했지요. 보리수 나무 한 그루나 부처님의 발자국을 새긴 것이 부처님을 그리워하며 예배를 올릴 수 있는 대상이었습니다.

그런데 알렉산드로스 왕의 헬레니즘 문화가 인도 땅에 들어오

불상
부처님이 돌아가신 지 500년이 지나서 인도 간다라와 마투라 불상이 제작되었습니다. 간다라 불상이 헬레니즘의 영향을 받은 반면, 마투라는 헬레니즘의 영향이 없는 독자적 불상으로 보고 있습니다.

면서 간다라 지방에서 꽃을 피웁니다. 간다라 지방은 지금의 지도에서는 어디쯤 자리하고 있을까요? 놀랍게도 파키스탄의 북부에 자리한 페샤와르 지역이랍니다. 중동지역에서 테러가 일어나 수많은 사람들이 목숨을 잃고 삶의 터전이 파괴되고 있어 안타깝기 그지없습니다. 그런데 대승불교의 문화를 간직하고 있는 간다라 미술의 유적지도 이곳에 자리하고 있어 전 세계 불자들과 전문가들은 발을 동동 구르고 있는 실정입니다.

바로 이 지역에서 인도 문화와 그리스 문화가 어우러져 간다라 미술이라는 독특한 양식으로 발전합니다. 기원후 1~4세기 경의 일이지요. 이 시기에 간다라 지방에서 불상이 처음 만들어지는데 그 모습이 그리스풍이라는 것이 특이합니다. 그와 비슷한 시기에 인도 마투라 지역에서도 불상이 만들어지는데 마투라 불상은 인도 고유의 모습을 띠고 있습니다. 간다라 불상의 얼굴 생김새나 입고 있는 옷이 그리스의 신상들과 비슷하다면 그에 비해 마투라 불상은 우람한 풍채와 살짝 투박한 눈·코·입이 특징입니다. 간다라 미술은 나중에 중국과 우리나라에까지 영향을 미치게 됩니다.

쿠샨 왕조 시대의 특징을 들라면 대승불교가 발전하게 된다는 사실입니다. 기존에는 수행자 자신의 해탈만이 목적이었다면, 거기에서 한 걸음 나아가 세상의 모든 생명체들도 지혜를 얻고 행복하기를 기원하고 그렇게 되도록 노력하는 것을 더 중요하게 여기게 된 것이지요. 아름답게 제작된 불상 앞에서 부처님을 기리며 부처

간다라 미술
알렉산드로스의 원정으로 인도에서도 헬레니즘 미술 양식이 유행하였는데, 그 영향으로 간다라 지방을 중심으로 불상이 만들어지기 시작하였습니다. 왼쪽이 그리스의 여신상, 오른쪽이 간다라 불상입니다.

님처럼 중생을 위해 살고자 다짐하게 된 것도 이런 대승불교가 퍼지는 데 역할을 하지 않았나 생각합니다.

중생
부처의 구제 대상이 되는, 깨달음을 얻지 못한 사람이나 생명을 지닌 모든 존재를 통틀어 이르는 말입니다.

☸ "이와 같이 나는 들었다"는 경전의 시작 문구

한편, 불교교단은 어떤 변화를 거쳐 왔을까요? 시간을 되돌려 부처님이 세상을 떠난 직후로 거슬러 올라가 보기로 하지요.

부처님이 세상을 떠나자 그의 제자 가섭 스님은 걱정에 사로잡힙니다. 부처님이 살아생전 사람들에게 들려준 가르침과 계율이 흩어질까봐 말이지요. 당시 부처님의 설법은 문자로 기록되지 않았기 때문입니다.

그리하여 가섭은 뛰어난 수행자들을 마가다국의 수도 라자가하 외곽에 자리한 칠엽굴이라는 곳에 불러 모읍니다. 500명의 성자들은 한 자리에 모여서 바깥출입을 삼가며 그동안 부처님에게 들었던 가르침을 기억해 냅니다. 그런데 이 당시는 아직 문자로 무언가를 기록하던 시절이 아니었음을 잊지 말아야 합니다. 따라서 스님들 가운데 부처님 곁을 한시도 떠나지 않고 모든 가르침을 듣고 외웠던 아난다 스님이 중심이 되어 부처님 가르침을 기억해 냈고, 계율을 엄격하게 지키기로 으뜸이었던 우팔리 스님이 중심이 되어 부처님이 제정한 계율의 항목을 기억해 내는 형식을 취했습니다.

"이와 같이 나는 들었다."

모든 불교경전은 이런 말로 시작하는데, 아난다 스님이 자신이 부처님에게 들었던 가르침을 외워서 들려주던 바로 이 작업에서 처음 쓰인 구절입니다.

뛰어난 수행자였던 스님들은 아난다와 우팔리가 기억해내는 내용들을 함께 다시 외면서 부처님 가르침이 틀림없다고 확정지었습니다. 7개월에 걸친 이 작업을 제1차 결집이라고 부릅니다. 이때 합송한 내용들은 불교의 근본경전으로 오늘날까지 전해지고 있습니다.

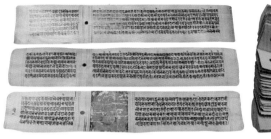

패엽경
고대 인도에서 종이 대신 나뭇잎에 쓴 불경입니다.

제2차 결집은 이로부터 100년쯤 지난 뒤에 이뤄집니다. 바이샬리에 머물고 있던 비구들 사이에서 그동안 엄격하게 지켜오던 계율 조항에 대해 이견이 생겨난 것이 계기가 됩니다. 상업이 활발하게 발달한 도시 바이샬리는 소박한 농경사회가 아니었습니다. 스님들이 탁발하기 위해 도시로 들어가면 시간이 너무 오래 걸리기도 하고, 사업하느라 바쁜 신자들은 스님들에게 음식 대신 돈으로 시주를 하기도 했습니다. 사실 스님이라면 정오 이전까지 탁발과 식사를 마쳐야 하고, 신자에게서 금전을 보시 받아서는 안 되는 것이 원

결집(結集) 결집이란 원래 한 곳에 모여서 뭉치는 것을 의미하지만, 불교에서는 석가모니가 열반한 뒤에 제자들이 모여 스승의 가르침을 집대성하여 경전을 만든 일을 의미합니다. 이 당시의 결집은 문자로 기록하지 않고 모두 함께 모여서 소리내어 외는 방식이었습니다. 그렇기 때문에 모여서 외운다고 하여 결집을 합송(合誦)이라고도 합니다.

비구와 비구니 불교의 수행자는 스님, 승려 혹은 중(지금은 약간 비하적인 의미로 많이 쓰이지만 원래는 일반적인 승려를 의미하는 말이었습니다)이라고 일반적으로 널리 알려져 있지만, 출가하여 승려가 지켜야 할 계율 250가지(구족계라고 합니다)를 지키는 남자 승려를 비구라 하며, 348가지 계율을 지키는 여자 승려는 비구니라고 합니다.

칙이었지만, 100년 전 부처님이 제정한 계율 조항을 곧이곧대로 지키기에는 현실적으로 무리가 있었습니다. 그리하여 계율을 시대에 맞게 탄력적으로 조정하자는 사람들과 무조건 예전 그대로 지켜야 한다는 사람들 사이에 이견이 생겨났고, 이견을 조정하기 위해 다시 스님들이 모였습니다. 바이샬리에 자리한 파리가 동산에 700명의 스님들이 모였는데 이때 계율을 원래대로 엄격하게 지키는 것이 옳다는 판결을 내렸지요. 그러자 이 판결에 반기를 든 1만 여 명의 스님들이 별도의 공동체를 꾸리면서 불교계는 둘로 갈라지게 됩니다.

⚙ 승가가 나뉘다

제2차 결집 이후 불교교단은 보수적인 장로 중심의 상좌부와 진보적인 스님들이 중심이 된 대중부라는 두 파로 갈라집니다. 이후 상좌부와 대중부에서 각각 또 분열이 일어나 100년이 지나면 모두 18개 분파로 나뉩니다. 이를 부파불교라고 합니다. 분열이 일어났다고 해서 심하게 갈등하고 대립한 것은 아닙니다. 비록 계율에 대해 견해가 달랐지만 모두가 해탈을 목적으로 한 부처님의 제자들로서 열심히 수행을 했지요. 부처님 가르침을 연구하고 논하는 가운데 출가자 중심의 불교교단들은 날로 확장되어 갑니다. 재력가들의 후원이 불교교단에 모이자 다른 종교인들이 교단에 들어와 스님 행세를 하는 일까지 벌어집니다. 물질적인 혜택을 누리기만 할 뿐 부처님 가르침을 따라서 수행하지 않고 오히려 자신들의 견해가

진리라고 주장하는 일도 벌어집니다. 이에 위기감을 느낀 마우리아 왕조의 아소카 왕이 대대적으로 교단을 정비하기로 마음먹습니다.

아소카 왕의 지지와 후원 아래 수도인 파탈리푸트라(화씨성, 지금의 파트나)에서 1,000여 명의 스님들이 모입니다. 이들은 부처님 가르침인 경經에 대해 토론을 하며 바른 해석을 정리합니다. 이 일을 제3차 결집이라고 하며, 기원전 3세기쯤으로 추정합니다. 제3차 결집에서는 부처님 가르침인 교법과 교단의 규칙인 계율戒律 외에 교법에 대한 체계적인 해석이 정리되어 논論으로 확립됩니다. 이리하여 경經과 율律과 논論의 세 가지가 완성되는데, 이를 가리켜 삼장三藏이라고 합니다. 장藏이란 창고, 저장소란 뜻이고, 물건을 담는 소쿠리라는 뜻으로 쓰이는데, 부처님에게서 비롯된 세 가지 가르침이 각각 세 개의 광주리에 담겼다는 뜻에서 삼장이라고 부릅니다.

《서유기》에 등장하는 삼장법사, 잘 알고 있지요? 원래는 중국 당나라 스님인 현장법사를 가리키는데, 경·율·론 삼장에 정통한 스님이라는 뜻에서 삼장법사라고 불리는 것이지요. 제3차 결집에서는 그동안 합송으로만 전해 오던 가르침의 내용들이 문자로 기록되었다는 점, 그리고 결집을 마친 뒤 포교를 위해 스님들을 인도 밖의 지역으로 전파했다는 점도 기억할 만합니다.

제3차 결집
학자들 사이에서는 제3차 결집이 일어나게 된 원인을 달리 보기도 합니다. 먼저 다른 종교인들이 불교교단에 들어와 수행 분위기를 어지럽히기 때문에 그것을 정화하기 위해서라는 견해가 있습니다. 그리고 불교교단 안에서 부처님 가르침에 대한 이견이 생기자 여러 견해들을 정리하여 체계화하기 위해서라는 것이 또 다른 견해이지요.

현장법사 상

그 이후 쿠샨 왕조의 카니슈카 왕 시대에 제4차 결집이 이루어졌습니다. 부처님 가르침을 보호하던 왕의 주선으로 500여 명의 스님들이 모여 삼장에 대한 해석들을 정리했지요. 그런데 스리랑카를 중심으로 하는 이른바 남방불교국가에서는 A. D. 2세기경에 이뤄진 카니슈카 왕의 제4차 결집을 인정하지 않습니다. 그 대신 이미 기원전 1세기 무렵, 스리랑카에서 제4차 결집이 일어났다고 보고 있지요. 알루비하라라는 바위산에서 스님들이 모여 스리랑카로 전해진 부처님 가르침을 문자로 기록하는 대대적인 작업을 펼쳤던 것입니다.

불교계에서는 이후 현대에 이르기까지 다양한 결집이 이루어졌습니다. 현재 전하는 각국의 대장경들이 그 결집의 결과로 볼 수 있습니다. 수행을 많이 한 스님과 불교 전문가들이 모여서 부처님 가르침을 다시 새기면서 의견이 분분한 주제들에 대해서 의견을 조율해가는 결집은 불교의 한 가지 특징이라고 할 수 있습니다.

현대의 결집 모습
1954년부터 1956년까지 진행된 마지막 결집 모습입니다.

☸ 대승불교가 일어나다

다시 부파불교 시대로 거슬러 올라가보겠습니다. 석가모니 부처님이 세상을 떠난 이후 불교교단은 출가자 중심의 이론적인 연구에 치우치게 됩니다. 그러자 석가모니 부처님의 정신으로 돌아가려는 움직임이 일어납니다. 이 운동을 대승불교라고 합니다.

대승大乘이란 '큰 수레'라는 뜻의 산스크리트어 '마하야나'를 번역한 말입니다. 나와 남이 구별 없이 함께 탈 수 있는 큰 수레처럼, 모두가 부처님이 되는 길을 일러주는 위대한 가르침이라는 뜻이 담겨 있습니다. 대승불교는 자신의 깨달음보다 중생구제를 우선하며, 이웃과 세상을 이롭게 하는 일을 수행의 목표로 삼고 있습니다. 석가모니 부처님이 깨달음을 이룬 뒤에 세상을 떠날 때까지 가르침을 펼치기 위해 쉬지 않고 길을 걸었던 것처럼, 수행자들 역시 그런 부처님이 되기 위해 나서야 한다는 것이지요. 남을 돕는 일을 자기 수행으로 삼고 부처님이 될 때까지 쉬지 않고 그 길을 걸어가는 사람을 보살이라고 부릅니다. 절에 다니는 여성들을 "보살님!"이라고 부르지요? 사실 보살이란 말은 부처가 되기 위해 수행하는 사람을 가리키는 말입니다. 그러니까 여성만을 위한 호칭이 아니란 것을 알아야 합니다.

보살로서 살아가는 사람은 무엇보다 여섯 가지를 실천해야 합니다. 다른 이에게 아낌없이 베풀어주는 보시, 스스로 윤리적으로나 도덕적으로 깨끗하게 지내는 지계, 어떤 어려움이나 괴로움도

담담히 참아내는 인욕, 자기 마음속에서 악을 몰아내고 선을 채우기 위해 노력하는 정진, 시끄러운 곳에서도 맑고 깨끗한 집중력을 가질 수 있는 선정, 그리고 '나'라는 생각으로 꽉 차 있는 마음을 비움으로써 진리를 완벽하게 깨닫는 지혜(반야)가 그것입니다. 이 여섯 가지를 쉬지 않고 실천하여 완성하는 것을 6바라밀이라고 말합니다.

대승불교는 보살이 6바라밀을 실천함으로써 부처가 되어 세상을 구하는 것을 목표로 합니다. 예전에는 자기의 깨달음이 최종 목표였는데 그에 비하면 스케일이 상당히 커졌음을 눈치채셨지요? 그래서 이렇게 수행하는 사람들이 스스로를 가리켜 자신들을 대승이라고 불렀던 것입니다.

✸ 밀교의 성립

인도에서 대승불교가 정확히 언제 발생했는지는 학자들마다 의견이 분분합니다. 대체로 기원전 1세기에서 기원후 1~2세기경을 시작으로 보는 데에는 이견이 없습니다. 절에 다니는 사람들이 외는 《반야심경》, 《천수경》, 《금강경》, 《화엄경》, 《법화경》과 같은 경전들은 모두가 대승불교 경전입니다. 이런 경전들을 꼼꼼하게 읽고 사색하면서 부처님 가르침에 대한 조금 더 폭넓은 논의가 이루어졌고, 그에 따라 논서들도 많이 쓰입니다. 이런 과정을 따라서 인도에서 대승불교계는 초기와 중기, 후기로 나뉘지요. 특히 7세기경 인도에서 밀교密教가 등장하는 것도 눈여겨볼 만합니다.

밀교가 성립될 당시 인도 불교계는 실천보다는 전문적 이론을 파고 드는 경향이 매우 짙었습니다. 이런 흐름은 불교 이론을 발전시키는 역할을 했지만 부처님 가르침을 너무나 어렵고 까다롭게 만들었습니다. 출가해서 한평생 연구에 매진하기 전에는 부처님 가르침을 이해하기란 불가능한 것처럼 보였지요. 출가하지 않고 일상생활을 하면서 스님들의 법문을 들으며 신앙생활을 해오던 신자들은 어느 사이 부처님 가르침을 귀담아 들으려 하지 않게 되었습니다. 들어봤자 어렵고 아무리 들어도 이해할 수 없다는 생각 때문이었지요. 그저 기도만 하고 복이나 빌면 된다는 생각을 갖게 됩니다. 자연히 불교교단은 석가모니 부처님이 살아계시던 때에 비하면 위축되는 결과를 불러옵니다.

이러한 현실을 직시하고 실천을 소중하게 여기는 움직임이 대승불교 안에서 일어납니다. 이를 밀교라고 합니다. 밀교는 비밀스런 가르침이란 말이지만 꼭꼭 감춰두고 아무에게도 가르쳐 주지 않는 가르침이란 말이 아닙니다. 아주 소중한 가르침이란 뜻입니다. 그리고 부처님의 소중한 가르침을 스스로가 실천 수행해서 자기 것으로 만들어야 한다고 말합니다.

밀교 수행자는 부처님이나 보살을 자기 소망을 들어주는 예배의 대상으로만 보지 않습니다. 누구든지 입으로는 진언眞言을 외고, 손으로는 특정한 손동작 즉 결인結印을 하며, 마음으로는 눈부시게

진언(眞言)
진실하여 거짓이 없는 말이라는 뜻으로, 신비한 힘을 지니고 있다고 합니다. 이것을 마음속으로나 혹은 소리 내어 지속적으로 외우면 큰 복과 공덕이 생긴다고 합니다.

결인(結印)
밀교의 수행자가 수행할 때 양손과 손가락으로써 불보살의 깨달음을 상징적으로 나타내는 것입니다.

밝은 지혜와도 같은 부처님(대일여래)을 생각하도록 수행을 권합니다. 수행자가 이렇게 자신의 몸과 입과 마음으로 한결같이 수행하면 부처님의 몸과 입과 마음이 그에 응답을 주는데, 이렇게 되면 자신의 몸이 부처가 되며, 이것을 즉신성불卽身成佛이라고 부릅니다. 밀교에서는 바로 이 즉신성불을 수행의 목표로 삼고 있습니다.

오랜 세월 드넓은 인도 땅에서 불교는 다양한 변화를 겪으며 인도의 사회와 문화에 커다란 영향을 미쳤습니다. 하지만 13세기경 인도를 침입한 이슬람은 불교의 사원과 불교대학을 공격의 주요 대상으로 삼습니다. 결국 불교는 인도 땅에서 웅장한 모습을 감추게 됩니다. 그러나 오늘날에는 다시 부처님의 가르침을 되살리자는 움직임이 활발하게 일어나고 있습니다. 전세계 불교계의 도움이 이어지고 있는 가운데 한국의 불교계도 인도에서 다시 부처님의 가르침이 활짝 꽃을 피우도록 후원하고 있습니다.

뿐만 아니라 미국과 유럽에서도 부처님의 가르침에 커다란 관심을 갖는 사람들이 늘어나면서 불교의 가장 핵심적인 수행법인 참선을 일상에서 실천하는 이들이 많아졌습니다. 불교는 이제 전 세계 현대인들에게 지혜와 평화를 안겨주는 가장 소중한 가르침이 되었습니다. 석가모니 부처님이 평생을 바쳐서 사람들에게 진리를 전파했던 노력이 이렇게 결실을 맺어가고 있습니다.

실크로드를 따라 불교가 동쪽으로 전해지다

불교 전파 지도

인도에서 성립된 불교는 여러 가지 경로를 통해 전 세계로 퍼지게 됩니다. 대승불교
는 간다라를 거쳐 사막길을 타고 동북아시아로 유입되었고, 바닷길로는 북부 베트남
을 거쳐 남중국으로 전해졌습니다. 반면 부파불교는 동남아시아로, 밀교는 티베트, 몽
골 등지로 전해졌습니다. 중국으로 들어 온 불교는 어떤 모습을 띠게 되었을까요?

중국에서 500여 년의 춘추전국 시대를 끝낸 나라는 가장 서쪽 변두리 지역에 자리 잡았던 진秦이었습니다. 기원전 4세기 진은 엄정한 법치를 주장하는 법가사상을 채택하여 개혁에 성공하면서 부국강병을 이루고, 전국 시대 7웅 중 하나로 발돋움 하였습니다. 결국 진은 나머지 6국을 차례로 병합하여 기원전 221년에 중국을 최초로 통일하였습니다.

춘추전국 시대에는 제후국들이 경쟁적으로 부국강병을 추진하면서 제자백가라고 하는 다양한 사상가와 학파가 성립되었습니다. 그러나 이 시기에는 아직 불교가 중국에 유입되지 않았습니다. 진이 중국을 통일하면서 법가사상이 통치이념으로 자리 잡았고, 유가나 도가 같은 다른 사상들은 탄압을 받았습니다. 그런데 법가사상을 바탕으로 한 가혹한 통치와 대규모 토목공사로 농민들의 반발을 샀습니다. 결국 진시황이 죽자 진승·오광의 난을 비롯한 반란이 각지에서 일어나 진은 멸망했습니다.

진이 멸망하면서 유방(뒤에 고조)이 항우와의 경쟁에서 승리하여 한漢을 세우게 됩니다. 한의 7대 황제인 무제는 동중서의 건의를 받아들여 유교를 통치이념으로 채택하고 황제 중심의 정치 체제가 뿌리 내리도록 하였습니다. 그는 영토 확장에도 힘을 쏟아 북으로는 흉노를 치면서, 서쪽으로는 흉노를 견제하기 위한 동맹군을 찾아 장건을 서역의 대월지로 파견했습니다. 이 과정에서 사막길(실크

7웅
춘추 시대에는 제 환공, 진 문공, 초 장왕, 오왕 합려, 월왕 구천 같은 다섯 패자들이 질서를 주도하였습니다. 반면 전국 시대에는 진, 초, 연, 제, 한, 위, 조의 일곱 나라가 강력한 세력을 가지고 있었는데 이를 춘추 5패와 전국 7웅이라고 합니다.

로드)이 널리 알려지게 되었고, 이 길을 통해서 한에 불교가 유입되었습니다. 당시 한에는 훈고학 중심의 유학이 유행하였고, 민간에서는 도가 사상과 결합된 태평도, 오두미도 같은 민간 신앙이 발달하였습니다. 불교도 동서 교류를 통해 서역으로부터 전해져서 뿌리를 내리기 시작하였습니다.

서역
옛날 중국에서 그들의 서쪽 나라들을 일컫는 용어였습니다. 경우에 따라 범주가 달랐는데, 넓게는 지금의 서부아시아와 인도를 포함하기도 하고, 좁게는 지금의 신장성 천산남로 지방을 가리킵니다.

✸ 위·진·남북조 시대의 전개와 불교의 확산

3세기 초에는 후한이 멸망하고 위, 촉, 오가 경쟁하는 삼국시대가 시작되었습니다. 우리가 《삼국지》라는 소설을 통해 잘 알고 있는 시기입니다. 진(晉)은 삼국을 통일했지만, 황실의 내분으로 혼란이 극심해졌습니다. 이 틈을 타고 북방의 다섯 유목민족[5호 : 흉노, 선비, 갈, 저, 강]이 화북 지방으로 침입하여 각각 나라를 세웠습니다(5호 16국). 이에 진은 강남으로 쫓겨 가서 동진을 건국하였고, 화북 지방에서는 선비족이 여러 나라를 통일하여 북위를 세움으로써 남북조 시대를 열었습니다. 북조에서는 유목민족의 강건한 기풍이 중심이 되는 문화가 자리 잡았고, 유교가 정치이념으로 수용되었습니다. 이와 함께 불교 역시 국가의 보호를 받으며 크게 융성하였습니다. 왜냐하면 유교를 견제하는 사상도 필요했기 때문입니다. 따라서 중국 불교의 본격적인 발전이 이루어진 시기라고도 할 수 있습니다.

이 시기에 중국 불교가 발전한 것은 다른 사상에 비해 깊이 있

룽먼(용문) 석굴 내 서산사원
(위)과 봉선사동(아래)
중국 허난 성[河南省] 뤄양[洛
陽] 남쪽 강기슭의 높은 곳에
있는 석굴 사원으로 남북조시
대의 북위(北魏, 386~536)
때에 건축을 시작하여 6세기
와 당대(618~907)까지 공사
가 계속되었습니다.

화이관
중국이 세계의 중심[화(華)]이
며, 주변 국가들은 미개한 오랑
캐[이(夷)]라고 낮추어 보는 사
상입니다. 중화사상이라고도
합니다.

는 교리와 함께 화이관이나 남녀의 차별을 인정하지 않는 특성 등
이 북조의 왕실을 비롯해 많은 사람들로부터 환영을 받았기 때문이
었습니다. 왕실의 입장에서는 '왕이 곧 부처다'라는 왕즉불 사상을
이용할 수도 있다는 점도 큰 매력으로 작용했습니다. 그래서 윈강
에 있는 대규모 석굴 사원의 부처 모습은 왕의 얼굴을 본떠 만들어
지기도 하였습니다. 이러한 가운데 구마라집, 법현 등이 인도와 중
국을 오가며 불경을 한자로 번역하여 불교 발전에 영향을 끼치게

40

됩니다.

　문화적 동질감과 우월감이 강하게 구축되어 있던 한의 상황에서 사막길을 통해 들어온 불교는 그다지 영향력을 가지지 못하였습니다. 그러나 중국 북쪽 지역이 유목 민족인 이방인들에게 점령되면서 정치적 혼돈이 이어지는 가운데 다른 민족들의 문화도 존중되는 사회가 되면서 불교는 힘을 얻게 되었습니다. 결국 589년 수隋에 의해 중국이 재통일되었을 때 불교는 정신적·경제적으로 뿐만 아니라 정치적으로도 가장 중요한 역할을 하는 종교로 부상하게 되었습니다.

> **왕즉불 사상** 왕즉불이란 '왕이 곧 부처다'라는 말로, 왕과 부처를 동일시하는 사고방식입니다. 중국 북조에서 유목 민족의 왕이 유목민족 뿐만 아니라 한족을 다스리기 위하여 불교와 석가모니의 권위를 빌려 왕실을 절대화하면서 국가의식을 고취시키려고 한 것입니다. 따라서 인도의 아소카 왕을 표본으로 삼고, 스스로 아소카 왕처럼 전륜성왕 (고대 인도의 사상에서 말하는 불교적 이상 군주)이라고 내세우는 경우가 많았습니다. 또한 석굴 사원의 불상에 왕의 얼굴을 형상화하기도 했는데 이런 사상은 우리나라 고대국가인 삼국에도 전해져 왕권 강화에 큰 영향을 끼쳤습니다.

✺ 불교의 중국 전래 시기

　중국에 처음 불교가 전해진 때는 언제일까요? 여기에는 여러 설이 있습니다. 후한(서기 25~220)의 명제明帝가 서기 65년 자신이 믿는 불교신앙에 대해 법령을 내린 기록이 있는데, 이로써 1세기 중엽에 이미 불교가 들어왔을 것으로 추측하고 있습니다. 한漢 황실과 관련 있는 불교의 기록이 있는 것으로 보아서 이것은 사실로 보입니다.

이후 불교는 5세기 초엽부터 중국에 퍼지기 시작합니다. 4세기 말까지는 외국의 승려와 그의 제자들이 중심이 되어 불경을 번역합니다. 그러나 5세기에 들어서면서 황실과 고급 관료의 후원을 받으면서 불교가 발전합니다. 특히 왕실이나 국가의 전폭적인 지원 아래 경전 번역 작업이 활발하게 이루어집니다.

불교교단은 후한 시기에 성립하지만 교단 조직이 안정되고 포교가 일반화되기 시작한 것은 4세기 말엽으로 생각됩니다. 이때가 되어 불교는 중국 사회의 교양 있는 상층 종교로 자리 잡기 시작합니다.

✺ 귀족 불교의 발전

4세기에 접어들면서 북방 민족인 5호가 남하합니다. 이로써 중국은 전쟁의 소용돌이에 휩싸입니다. 북부가 비한족非漢族 왕조의 지배 아래 들어가자 한족漢族 지배층이 남쪽으로 대거 탈출합니다. 이때 많은 승려들도 한족 왕조를 따라가지요. 이렇게 해서 불교는 4세기 초기에 양쯔 강 하류 지역으로 전해졌고, 이내 심오한 교리 때문에 귀족들의 지적 생활에서 중요한 역할을 하게 됩니다.

남북조 시기에 중국인 승려들이 대거 배출되고 황실의 호의와 귀족의 지지로 불교는 번창하게 됩니다. 특히 동진東晉의 황제는 중국의 통치자로서 최초로 계를 받아 공식적인 재가在家 신도가 되었고, 서기 400년경에는 동진의 영토 안에 1,700곳 이상의 사찰과 비구니를 포함한 8만여 명 이상의 승려가 출현하였습니다. 물론 보수적인 집단에서는 불교의 발전을 못마땅하게 생각하였고, 교단을 국가 관리 아래 두려고 시도하기도 합니다. 그러나 북조뿐만 아니라 남조에서도 불교교단은 계속 성장하였고, 6세기 중엽에는 승려의 숫자도 더욱 늘어났습니다. 특히 남조의 열광적인 불교 신자였던 양梁의 무제 치하에서는 불교의 발전이 정점에 이르게 됩니다.

양 무제 초상

북조에서는 불교가 통치자의 번영과 군사적 승리를 보장해 주는 이념을 제공한다고 하여 우대했습니다. 또한 유교를 적절히 견제해주는 수단으로서 불교 교리를 이용하기도 하였습니다. 유목민족이 한족을 통치하는 경우 항상 자신들의 문화적·민족적 정체성을 유지하면서 한족과도 동화해야 한다는 상반된 목표에 시달렸습니다. 특히 유교를 통해 사회적·사상적으로 자신들이 한족화되는 것에 대한 저항 방법으로 다른 사상이 필요하게 되는데, 불교가 상당히 유용했던 것입니다. 이리하여 북위 시절에는 황실의 후원과 국가의 감독 아래 불교가 최고의 전성기를 누리게 되었습니다.

이후 룽먼과 윈강 등지에 많은 석굴 사원들이 만들어지게 되면서 귀족 불교로 자리잡게 되었습니다.

더 알아보기

석굴 사원은 왜 만들어졌나요?

바위 속에 만들어진 사원을 석굴 사원이라고 합니다. 석굴 사원은 일반 사원보다 더 장엄하고 큰 비나 무더위를 피할 수 있으며, 전쟁이나 화재 같은 온갖 재난에 강한 반영구적 특성을 가지고 있습니다. 만든 기법에 따라 자연 석굴, 바위를 뚫어 만든 굴착 석굴, 벽돌이나 돌로 석굴 모양을 만든 축조 석굴로 나뉩니다. 유명한 인도의 아잔타 석굴 사원과 중국의 윈강·룽먼 석굴 사원 등은 굴착 석굴 사원의 대표적 사례이며, 신라의 석굴암은 축조 석굴의 대표적인 사례입니다. 불교의 권위를 빌려 왕권을 강화하려는 왕들에 의해 조성되는 경우가 많았습니다. 석굴 사원은 그 자체가 조각이자 회화이며 공예이자 건축으로서 종합적인 예술이며, 이들은 반영구적이어서 거의 그대로 현존하고 있으므로 인류 최고의 문화유산이라고 할 수 있습니다.

달마가 동쪽으로 온 까닭은 무엇일까?

· · ·

〈달마도, 17세기〉

참선과 수행을 강조하는 선종(禪宗)은 인도에서 발생하였습니다. 그러나 남북조 시대
에 달마대사가 중국으로 오면서 크게 발전합니다. 선종은 불경 위주의 교학적인 수련
보다는 직관적인 깨달음과 참선을 중시합니다. 동북아시아에서 선종이 유행하게 된
이유는 무엇일까요?

✸ 중국이 다시 통일되다

한漢 이후 약 4세기 동안 분열되었던 중국은 북조의 왕조였던 북주의 왕실 외척 양견에 의해 통일되었습니다. 이때 세워진 왕조가 중국의 남북을 잇는 대운하로 유명한 수隋나라입니다. 수 문제(양견)는 시험으로 관리를 선발하는 과거제를 처음으로 도입하여 문벌 귀족을 견제하면서 왕권을 강화합니다. 또한 북위 이래 실시되어 오던 부병제, 균전제 등을 정비하여 국가 재정을 안정시키고 군사력을 증강하였습니다. 문제의 뒤를 이은 양제는 화북과 화남을 연결하는 대운하를 완성하여 중국 남북 간의 물자 유통과 경제 통합을 강화하였습니다. 이렇게 강력한 중앙집권 국가가 출현함으로써 중국의 혼란은 정리됩니다.

부병제
중국 북위에서 시작되어 당나라에서 확립된 군사 제도로 우리나라에서는 고려 말과 조선 초기에 실시되었던 병농 일치의 군사 제도입니다.

균전제
중국 북위에서 시작되어 당나라 때 확립된 토지 분배 제도입니다. 이를 바탕으로 조·용·조라고 하는 조세 제도가 이루어졌습니다.

수나라의 대운하

내부 문제를 해결한 양제는 외부로 눈을 돌립니다. 북으로는 그동안 중국을 괴롭히던 유목민족인 돌궐을 치고 남으로는 지금의 베트남 북부에 자리한 안남을 제압하여 영토를 늘려갔습니다. 그러나 대규모 군사를 동원한 고구려 원정이 실패로 돌아가면서 국가 경영에 문제가 생겼습니다. 또한 대운하와 같은 대규모 토목사업으로 농민과 관료들의 반발이 일어나서 수나라는 결국 3대 38년만에 망했습니다.

이 틈을 타서 수의 장군이었던 이연이 장안을 수도로 삼아 당을 세웠습니다(618). 이연은 수 문제의 총애를 받았던 지방관으로 농민 반란을 진압하고 돌궐족의 침입을 막는 임무를 맡아서 활약하였습니다. 수가 붕괴할 무렵 태원 유수였던 이연은 둘째아들 이세민의 권유에 따라 617년 군사를 일으켰고, 돌궐족의 도움을 받아 장안을 점령하고 양제의 손자 유를 황제로 옹립했습니다. 그러나 이듬해에 양제가 살해당하자 스스로 황제의 자리에 올라 당을 세운 것입니다. 그 뒤를 이은 인물은 둘째아들 이세민입니다. 그는 형제들을 모두 살해한 후, 이연(고조)의 뒤를 이어 황제(태종)가 됩니다. 비록 피비린내 나는 과정을 통해 즉위했지만 율령체제를 정비하여 '정관의 치'라고 불리는 번영을 이루었습니다. 태종의 뒤를 이은 고종은 신라와 동맹을 맺고 백제와 고구려를 멸망시키는 등 영토를 확장하였습니다. 당의 전성기는 현종까지 이어져서 '개원의 치'라고 불리는 번영을 가져오기도 했지만, 양귀비가 등장하는 현종 말기부터 국력이 쇠퇴하였습니다. 결국 안녹산과 사사명의 난(안·사의 난)을 계기로 중앙정부가 급격히 약화되면서 율령체제가 무너졌고, 황소의 난이 일어나면서 더욱 쇠약해져 주전충에게 멸망하였습니다.

당은 개방적인 왕조였습니다. 이 시기에는 남북조 시대 이래 유목민족과 한족의 문화가 융합되었고, 서역 문화까지 수용되면서 개방적이고 국제적인 문화가 이루어졌습니다. 이와 같은 당의 문화는 동아시아 문화권이라는 이름으로 문화적 공통성을 가지게 되었습니다. 불교와 도교는 이전 시기와 비교하여 더욱 발전하였으며, 특히 불교는 인도와 서역에서 수동적으로 경전을 전해받는 데 그치지 않고 당의 스님들이 직접 인도로 찾아가 경전을 가져오는 등 적극적인 활동이 펼쳐집니다. 또한 조로아스터교, 마니교, 네스토리우스 파 크리스트교(경교), 이슬람교 등 다양한 종교가 전래되었습니다.

중국 불교의 부흥

수와 당 왕조에서 중앙집권 체제가 완비되면서 불교는 이전 시기보다 훨씬 큰 번영을 누리게 되었습니다. 수의 문제는 스스로를 전륜성왕이라 일컬으며 행세했습니다. 앞에서도 설명했듯이 전륜성왕은 불교가 말하는 이상적인 군주이지요. 이는 수가 불교를 중시하던 북위의 전통을 이은 왕조였기 때문입니다. 중국 역사에서 전무후무한 여왕인 측천무후는 자신을 미륵의 화신이라 주장하면서 권력을 장악하기 위하여 불교를 이용하기도 하였습니다. 당의

미륵
미륵보살을 의미합니다. 미륵보살은 석가모니 부처님이 열반에 든 뒤 56억 7,000만 년이 지나 이 세계에 출현하는 부처님으로, 세 번의 설법으로 모든 중생을 제도하여 이 세상을 불국토로 만든다고 합니다.

왕실에서는 도교를 숭상했지만 불교가 퇴보한 것은 아니었습니다. 오히려 중앙아시아가 중국인의 통제 아래로 들어가면서 당 초기에는 중국인 인도 순례자가 급증하면서 불교는 더욱 퍼져나갔습니다. 그 중 가장 대표적인 인물이 바로 현장입니다. 그는 《서유기》의 삼장법사 모델로만 알려져 있지만, 위대한 학자이면서 산스크리트 어에 능통한 번역가였습니다. 현장이 이끄는 당시의 번역가들은 양적으로나 질적으로 최고의 불경 번역을 이루어냈습니다.

7세기 후반에 이슬람 세력이 인도로 통하는 육로를 봉쇄하자 중국의 순례자들은 중국의 남부에서 현재의 콜카타 근처에 있는 탐랄립티와 스리랑카로 통하는 해상 통로를 이용하게 되었지요. 이 시대의 중국 불교는 이전에 비해 창조적인 형태로 발전해갔습니다. 일부 학파와 종파들은 인도의 영향을 직접적으로 받기도 했으나 중국 고유의 색채를 띤 많은 종파들이 성립하기 시작합니다. 정토종이나 천태종이 그 대표적인 예입니다. 정토종과 같은 일부 종파들은 해탈하려면 아미타 부처님의 도움을 받아야 한다고 주장합니다. 어려운 교리를 몰라도 괜찮습니다. 그저 '나무아미타불'이라고 간절하게 소리내기만 하면 해탈의 길이 열린다는 것이지요. 이 염불 신앙은 중국 사람들 사이에 매우 빠르게 퍼져나갔고 우리나라에도 널리 퍼졌는데 원효가 신라의 저잣거리에서 사람들에게 염불을 권한 것이 대표적인 예입니다.

삼장법사
부처님의 교리를 모아놓은 것을 경장, 계율을 모아놓은 것을 율장, 후대에 부처님의 가르침을 분별 해석한 것을 논장이라 하는데, 이 세 가지에 모두 통달한 스님을 삼장법사라고 합니다.

나무아미타불
나무아미타불이란 '아미타 부처님에게 의지합니다'라는 뜻의 염불입니다. 의지한다는 말은 온몸과 마음을 다 바쳐 기댄다는 뜻입니다. 지금 세상에서는 사는 게 힘들어서 나쁜 짓도 저질렀고 신앙생활과 수행생활을 소홀히 했지만 죽어서 다음 세상에는 아미타 부처님 나라인 극락정토에 태어나고 싶다고 원하는 것입니다. 그래서 그 나라의 주인인 아미타 부처님을 불러서 자신을 데려가 달라고 비는 것이지요. 극락정토에 가면 오로지 수행을 통해 부처가 될 수 있기 때문입니다. 따라서 예전부터 글을 모르는 서민들은 물론이요, 불교 지식인들도 이렇게 나무아미타불 염불을 즐겨했습니다.

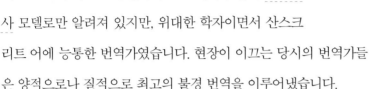

중국에서 가장 발전한 불교 종파는 선종입니다. 선종은 참선을 수행의 기본이자 핵심으로 삼아 해탈을 하려는 것이 목적인 종파입니다.

참선參禪은 불교에서 아주 중요하게 생각하는 수행법입니다. 인도는 더운 나라입니다. 아침에 마을로 탁발을 나가 한 끼 식사를 마친 스님들은 더위를 피해 나무 그늘을 찾습니다. 그곳에서 자리잡고 앉아 천천히 생각을 한곳에 모으며 깊은 사색을 합니다. 사색이 어느 정도 깊어지면 그 생각조차도 멈추고 강하게 정신을 한곳에 집중하지요. 이와 같은 불교의 선수행은 석가모니 부처님에게서 비롯되었습니다. 깨달음을 이루기 위해 붓다가야의 보리수 아래에 앉아서 취했던 수행법이지요. 이렇게 선은 불교 수행에 있어 가장 중요한 방법이 되었는데 이후 중국으로 전해져 7세기경 독자적으로 크게 발전하게 됩니다.

중국에서의 선은 남북조 시대에 시작됩니다. 보리달마 스님이 인도에서 와서 전한 것이 시초였지요. 보리달마는 6세기 초 생존한 인물로 추정되는데, 본래 인도 남천축국 향지왕의 아들인 왕자였다고 합니다. 출가해서 스님이 된 이후 부처님의 법을 이은 28대 조사가 되었지요. 그는 '중국에 가서 부처님 가르침을 크게 펴라'는 스승의 지시를 따라 중국으로 건너왔습니다. 보리달마라는 이름을 줄여서 달마스님, 달마대사라고도 부르는데, 귀에 익지요? 많은 불교

신자들의 집에 걸려 있는 〈달마도〉가 바로 이 스님의 초상화라고 합니다.

한편, 인도의 고승이 중국에 왔다는 소식을 들은 양나라 무제는 반가웠습니다. 그동안 불교교단에 수없이 많은 시주를 해왔던 왕은 고승을 만나 자신이 얼마나 잘했는지 자랑하고 인정도 받을 수 있으리라 생각했기 때문입니다. 그러나 달마대사는 이익을 바라기 보다는 진리의 깊은 뜻을 깨닫는 것이 더 중요하다는 말을 합니다. 듣고 싶었던 칭찬을 듣기는커녕 칭찬받으려거나 자랑하려는 마음을 일으키면 안 된다는 말을 듣자 양무제는 실망합니다. 부처님의 진정한 뜻을 이해하지 못하는 무제를 보자 달마대사는 이곳에서 진리를 펴기에는 무리가 있다고 판단하고 숭산 소림사로 들어갑니다. 그곳에서 9년 동안 벽을 향해 앉아서 수도를 하면서 때를 기다리지요. 달마와 양무제의 일화는 선의 정신을 보여주기 위해 후대에 지어낸 이야기라는 설도 있습니다.

달마대사가 소림사에서 수행을 하는 동안 혜가라는 청년이 찾아옵니다. 하지만 달마대사는 혜가를 제자로 받아들이려 하지 않습니다. 깨달음을 얻겠다는 열의로 가득 찼던 혜가는 무릎이 빠질 정도로 함박눈이 내려 쌓여도 마당에서 꼼짝하지 않고 제자 되기를 청합니다. 급기야 자신의 팔을 잘라 보임으로써 마침내 달마대사의 제자가 될 수 있었다는 전설도 전해집니다. 이로써 혜가 스님은 달마 스님에게서 시작된 선종의 두 번째 조사가 됩니다.

〈혜가구법단비도〉
혜가가 한 쪽 팔을 잘라내면서까지 달마대사에게 법을 구하는 장면을 그린 그림입니다.

6조 혜능
남종선을 주창한 스님으로,
'돈오'를 강조하였습니다.

이후 중국 선종은 3조 승찬 스님, 4조 도신 스님, 5조 홍인 스님으로 이어지면서 중국 내에서 독자적인 종파로 우뚝 섭니다. 홍인 스님에게는 두 명의 걸출한 제자가 있었는데 신수 스님과 혜능 스님입니다. 이 중에 신수 스님은 북쪽 지역인 장안과 낙양을 중심으로, 혜능 스님은 남쪽 지역인 호남과 강서 등지에서 각각 가르침을 펼칩니다. 이로써 중국의 선종은 북종선과 남종선으로 나뉘면서 퍼져나갑니다. 시간이 흐르면서 북종선은 쇠퇴하고 남종선에 흡수됩니다. 교리상의 문제점도 있었고, 정치적 후원자였던 측천무후의 몰락이 결정타였지요.

남종선은 '돈오頓悟'를 주장합니다. 돈오란 '한 순간에 깨닫는다'는 뜻인데, '자신의 마음이 곧 부처임을 단번에 깨닫는다'는 것입니다. 혜능 스님의 남종선은 돈오 사상을 부르짖으며 선의 정통성을 확립하였습니다. 우리나라에서는 선종이 통일신라 말기와 고려 후기에 크게 유행했습니다.

교종과 선종 교종은 부처님의 가르침을 적은 경전에 의지하여 깨달음을 구하는 데 반해 선종은 자기 마음의 성품을 꿰뚫어 보아 문자로 표현할 수 없는 부처님의 미묘한 깨달음의 경지를 체득하고자 하는 참선을 위주로 하는 종파를 말합니다. 우리나라에서는 삼국시대에서 신라 말까지는 교종이 더 우세하였으나, 통일신라 말기에 선종이 유행하였습니다. 선종에서는 인간의 마음을 연구하여 본래 지니고 있는 성품이 부처의 성품임을 깨달을 때 부처가 된다는 것으로, 언어나 문자를 거치지 않고 곧바로 부처의 마음을 깨닫는 것이며, 수행법으로는 주로 좌선을 택하는 것입니다.

견성성불 '불립문자 교외별전 직지인심 견성성불(不立文字 敎外別傳 直指人心 見性成佛)'은 선종의 기본이 되는 내용입니다. 본성을 깨치면 누구나 부처가 될 수 있다는 의미입니다.

달마는 누구인가요?

중국 남북조 시대의 고승으로 생몰연대는 정확하지 않습니다. 중국 선종의 첫 조사祖師로 추앙받고 있습니다. 달마에 대해서는 많은 전설이 있지만 확실한 역사적 사실로서 알려진 것은 거의 없습니다. 그 중 가장 믿을 만한 자료로는 파사국 또는 향지국 국왕의 셋째아들로 태어났다는 것이고, 시호는 원각대사圓覺大師라는 정도입니다. 대승불교에 뜻을 두고 명상했으며 외국에 포교하기 위해서 남중국으로 왔다고 합니다. 양나라에 왔으나 양 무제가 불법을 제대로 이해하지 못하자, 그 후 북쪽의 위나라로 가서 여러 가지 선禪의 가르침을 폈습니다. 특히 나이 어린 도육道育은 4~5년, 혜가慧可는 8년에 걸쳐 가르침을 받았습니다. 낙양에서 동남쪽으로 50km 정도 떨어진 숭산의 소림사에서 벽을 향해 앉아 9년 동안 좌선한 것으로 유명한 달마의 수행은 마음이 본래부터 깨끗한 도리라는 것을 깨닫는 것이라고 합니다. 여러 곳을 걸어 다니면서 교화했는데 그의 최후는 알려져 있지 않습니다.

소림사 달마대사가 9년 동안 좌선한 곳으로 알려진 사찰입니다.

한반도에도 불법의 싹이 트다

경주의 황룡사 터

고구려, 백제, 신라 삼국이 고대국가로 성장하는 과정에서 불교가 수용되었습니다. 삼국의 왕들은 중앙집권 체제를 정비하는 과정에서 불교를 통해 사상을 통일하려고 한 것입니다. '왕즉불' 사상 등 왕실이 볼 때 매력적인 내용이 많이 들어 있는 종교가 불교였던 것입니다. 그러나 삼국의 불교 수용 과정은 나라별로 다릅니다. 삼국에서는 불교가 어떤 과정을 거쳐 수용되었을까요?

구석기 시대부터 인류가 살기 시작한 만주와 한반도는 신석기를 거쳐 청동기에 접어들면서 우리나라 최초의 국가인 고조선이 건국됩니다. 나라 이름이 원래 고조선이 아니라 조선이라는 것을 알고 있죠? 이성계의 조선과 비교하여 고조선이라고 부르는 것으로, 굳이 나누자면 단군 조선과 위만 조선이라고 불러야 합니다.

청동기 문화가 발전함에 따라 족장이 지배하는 사회가 나타나게 되었습니다. 평등한 공동체 사회였던 신석기 시대에서 계급이 존재하는 청동기 시대가 된 것입니다. 청동기 시대에 등장한 족장 중에서 강력한 족장이 주변 여러 족장 사회를 통합하면서 권력을 강화해 나갔습니다. 그 중에서도 가장 먼저 국가로 성장한 것이 랴오닝 지방을 중심으로 성장한 고조선입니다. 고조선을 세운 중심 세력은 환웅 부족과 곰 토템 부족이었습니다. 두 부족이 연합하여 탄생한 지배자 단군 왕검은 제사장과 정치적 지배자(왕)까지 겸하였습니다. 이런 사회를 제정일치 사회라고 하지요. 기원전 3세기경에는 부왕과 준왕 등 강력한 왕들이 등장하면서 중국의 연 나라를 위협할 정도로 발전하였습니다. 기원전 3세기 말 중국에서 진과 한이 교체되는 혼란기에 고조선으로 들어온 위만은 지배층의 갈등이 일어나자 준왕을 몰아내고 왕위에 오릅니다. 바로 위만 조선의 시작입니다.

위만 조선은 철기 문화를 적극적으로 수용하여 강력한 국가로 성장해 갔습니다. 그러나 위만 조선의 경제·군사적 발전에 위협을 느낀 한에게 침입을 당하게 되었고, 1년 여 동안 투쟁하였으나 결국 내부의 분열 때문에 한에게 멸망하였습니다. 이후 한 군현이 잠시 설치되었으나 부여, 고구려 등의 나라가 들어서면서 한 군현은 쫓겨가게 되었습니다. 철기 문화를 바탕으로 하는 부여, 고구려, 옥저, 동예, 삼한 등의 여러 나라가 존재했던 시기를 지나서 중앙집권 국가인 고구려, 백제, 신라의 삼국과 연맹 왕국인 가야가 성립됩니다. 삼국이 성장하기 전까지 초기 국가의 단계는 왕권이 미약하여 왕이 부족장들을 완벽하게 장악하지 못한 상황이었습니다.

❀ 삼국이 고대국가로 성장하다

고구려, 백제, 신라의 삼국은 건국 초기부터 주변의 작은 나라들을 활발하게 정복하면서 영토를 넓혀 나갔고, 이를 주도하면서 국왕의 권력은 점차 강화되었습니다. 그 과정에서 중앙집권적 고대국가로 발전하였습니다. 고대국가에서는 왕위 세습권이 확립되었고, 부족장 세력은 왕권에 복속되어 중앙의 귀족으로 편입되었습니다. 이제 왕이 부족장들의 눈치를 볼 필요가 없게 된 것입니다. 또한 중앙관제가 정비되고, 관리들의 복색과 관등도 정비되었습니다. 아울러 확대된 영토를 효율적으로 통치하기 위하여 지방조직도 정비되었습니다. 나아가 삼국은 관습법 중심으로 운영되던 국가 통치 체제를 율령 중심의 체제로 성문화시켜 나가게 되었습니다. 바로 모든 백성은 부족장의 명령이 아니라 왕의 명령과 법률을 따르라는 율령이 반포된 것입니다.

이로써 고대국가의 형태는 거의 이루어진 것으로 보입니다. 그런데 아주 중요한 한 가지가 안 보입니다. 바로 국왕 중심의 지배 이념을 확립하고 사회의 통합을 이루기 위한 '사상의 통합' 부분이 빠진 것입니다.

✻ 삼국이 불교를 수용하다

삼국의 왕들은 부족별로 서로 달랐던 애니미즘 등의 토착신앙 대신 불교를 국가 종교로 수용하였습니다. 중국 사회에 불교가 널리 확산되면서 중국과 밀접한 관계에 있던 삼국에도 불교가 전래되었습니다. 특히 왕실에서 적극적으로 수용하게 되었는데, 왕실을 중심으로 국가적 통합을 이루기 위해서는 부족적 전통이 강하게 남아 있는 토착신앙보다는 수준 높고 왕실에 유리한 고등종교인 불교가 필요했기 때문이었습니다.

먼저 고구려는 소수림왕 2년(372)에 중국 전진前秦의 왕 부견이 순도 스님을 보내어 불상과 불경을 전하였습니다. 2년 후에는 아도 스님을 보내왔습니다. 이에 고구려에서는 초문사(성문사)와 이불란사를 세워 두 스님을 묵게 하였습니다. 이후 광개토대왕은 불교를 숭상하고 복을 구할 것을 명령하면서 국가이념으로 수용하였습니다. 왕실의 후원을 받은 고구려에서는 중국 유학을 했던 의연과 나

애니미즘
자연현상뿐만 아니라 동물이나 식물, 심지어 무생물까지 모두 생명이나 영혼을 가지고 있다고 믿는 사상입니다.

승통
국왕의 고문일 뿐만 아니라, 교학과 행정을 총괄하고 교단을 유지하는 임무를 지닌 최고위직 승려의 직위입니다.

중에 신라로 망명하여 신라 최초의 승통이 된 혜량, 일본에 건너간 담징 등 많은 스님들이 배출되었습니다. 그러나 6세기 이후 많은 승려들이 신라나 일본으로 건너가는 상황이 발생한 것을 보면, 이 시기부터 고구려 불교가 국가로부터 탄압을 받은 것으로 생각됩니다. 7세기에 이루어진 연개소문의 도교 장려 정책을 통해서도 이런 정황을 짐작할 수 있습니다.

　　백제에서는 침류왕 원년(384)에 동진으로부터 인도의 승려 마라난타가 불교를 전하였습니다. 이후 백제 불교는 왕실 불교로 성장하다가 사비(부여) 천도 이후 부흥을 노리던 성왕의 후원으로 더욱 발전하였습니다. 또한 많은 백제 승려들이 일본으로 건너가 불교뿐만 아니라 많은 문화를 전달해 주었습니다.

　　마지막으로 신라는 고구려나 백제에 비하면 불교의 전래도 늦었고, 공인도 많은 우여곡절을 겪은 후에야 이루어집니다. 5세기 전반 눌지왕 때 고구려의 승려인 아도(묵호자)에 의해 불교 전파가 처음 이루어졌으나 신라 사회로부터 배척당하다가, 법흥왕 14년(527) 이차돈의 순교를 계기로 공인되면서 널리 융성하였습니다.

　　왕실 불교, 호국 불교의 성격

공인
국가에서 공식으로 인정한 것입니다.

이차돈 순교비
법흥왕 때 불교를 공인하는 계기가 된 이차돈의 순교 모습이 새겨져 있습니다.

을 띠면서 왕권이 강화되었고, 결국은 삼국 통일의 힘이 되었습니다. 화랑들에게 세속오계를 일러 준 것도 승려인 원광이었습니다. 특히 신라는 왕명에서도 불교적 색채를 강하게 보여주었습니다. 법흥왕, 진흥왕, 선덕·진덕 여왕 등의 왕명이 대표적입니다. 법흥왕과 진흥왕은 결국 나중에 출가하여 승려가 되기도 하였습니다.

삼국의 불교는 왕실의 지원을 받으며 수용되었고, 고대국가의 필수적 요소가 되었습니다. 또한 불교는 배타적인 성격이 아니라 중국의 도교나 우리나라 고유의 신선도·유교 등과도 결합하면서 자리 잡게 되었습니다. 왕실 차원에서 국가이념으로 수용되었으며, 호국 불교적 성격을 띠는 것이 삼국 불교가 가지는 특징입니다.

금동미륵반가사유상

불교식 왕명 왕명을 붙이는 데 불교식 용어나 인물을 사용한 경우입니다. 보통 왕명은 죽은 후에 시호의 형태로 붙습니다. 대표적인 불교식 왕명으로는 법흥왕, 진흥왕, 선덕·진덕 여왕(본 이름인 '덕만', '승만'도 불교식이라고 합니다)을 들 수 있습니다. 법흥은 불법이 흥하게 한다는 의미이고, 진흥은 불법을 떨치고 부흥시키라는 의미입니다. 선덕이나 진덕도 불법을 진흥시킨다는 의미를 가지고 있다고 볼 수 있습니다. 특히 진흥왕은 자신을 인도의 전륜성왕에 빗대어 말년에 출가하였으며, 자신의 아들 이름 역시 금륜, 동륜으로 짓기도 하였습니다. 진평왕의 경우도 자신의 이름을 부처의 아버지 이름인 백정(白淨, 인도 말로는 숫도다나입니다.), 왕비의 이름을 부처의 어머니 이름인 마야 부인이라고 했습니다.

고구려에 불교가 스며들다

덕흥리 고분벽화

지배층의 무덤으로 추정되는 고구려 고분의 벽화입니다. 연꽃이 그려져 있다는 것은
불교의 영향으로 보입니다. 이처럼 불교의 상징인 연꽃이 고구려 지배층의 무덤 내부
에 새겨진 까닭은 무엇일까요?

❀ 고구려 고분벽화에 그려진 연꽃의 의미

소수림왕 초기에 불교가 공인된 이후, 고구려에서 불교는 국가의 통치이념으로 자리했습니다. 고구려 왕실은 연이어 사찰을 세웠고, 여러 스님들이 불법을 배우러 중국과 인도에 유학을 떠났습니다. 국가 후원 아래 성장해가던 불교는 광개토대왕과 장수왕을 거치며 더욱 영향력이 커졌습니다.

고구려는 4세기부터 지배층의 고분 내부에 벽화를 그려왔습니다. 고구려인이 만든 무덤에는 굴식 돌방 무덤이 많은데, 대부분 벽화가 그려져 있습니다. 굴식 돌방 무덤에는 무덤 안에 돌방이라는 내부 공간이 있어 고구려 사람들은 그 벽에 여러 가지 그림을 그려왔습니다. 그림 주제는 시대에 따라 달랐습니다. 초기에는 대부분 무덤 주인인 지배층의 모습과 생활 풍속이었습니다. 이는 죽은 자의 새로운 삶을 축원하는 의식이기도 하고, 삶을 살아가는 시절의 모습을

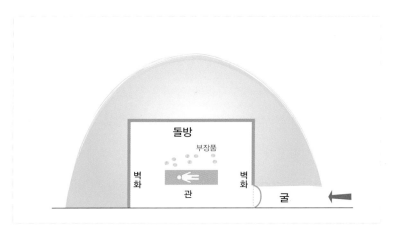

굴식 돌방 무덤의 구조

덕화리 1호분 천장 벽화

보여주는 것이기도 합니다. 그러다 고구려 사회에 불교가 널리 전파되면서부터는 불교식 요소가 고분벽화 안으로 들어오게 됩니다.

고분벽화에 연꽃 그림이 등장하기 시작한 것이 그 대표적인 예입니다. 연꽃은 불교에서 성자의 탄생이나 정토세계를 상징하는 꽃입니다. 고분 안에 연꽃을 그려넣음으로써 무덤 주인이 좋은 세상, 즉 정토에 가기를 기원한 것으로 보입니다.

한편 불교에서는 인간이 의도를 가지고 행동하면 반드시 결과가 따라온다는 업설을 강조합니다. 착한 마음으로 행동하면 즉 선업을 지으면 즐거운 결과가 따라오고, 나쁜 마음으로 행동하면 즉 악업을 지으면 괴로운 결과가 따라온다는 것이지요. 그 결과는 지금 살아있는 남은 생이나 그렇지 않으면 다음 세상에도 반드시 따른다고 합니다. 지금 내가 어떤 업을 짓는가가 바로 내일의 삶, 나아가 다음 세상의 환경이 된다는 이론입니다.

이런 사상을 지배층은 다음과 같이 받아들였습니다. 즉, 현재의 '내'가 왕이거나 지배층인 이유는 이전에 살았던 '나'의 행동에 따른 것이기 때문에 현재의 '내'가 누리는 모든 권력과 권한은 정당하다는 것이지요. 결국 고구려에 들어온 불교는 고구려의 신분제 사회를 정당화하는 사상으로 작용한 것입니다. 이는 백제와 신라의 지배층에게도 마찬가지였으며, 동아시아 일대는 불교의 영향을 받으며 지배층의 논리가 성립되어 갔습니다. 비슷한 시기인 4~5세기에 유럽의 크리스트교도 비슷한 역할을 수행했다고 볼 수 있습니다.

5세기 동아시아는 불교의 시대였으며, 고구려도 그 영향력 아래 들어오며 불교가 크게 유행하였습니다. 불교는 고구려 사회 곳곳에 큰 영향을 끼쳤으며, 당시 유행한 굴식 돌방 무덤의 고분벽화에 보이는 '연꽃'도 고구려인들에게 정토사상이라는 불교의 내세관이 들어왔음을 의미합니다. 고구려인은 죽은 뒤의 새로운 삶에 대한 강렬한 소망을 '연꽃'으로 고분벽화에 표현했던 것입니다. 이외에도 고구려 고분벽화에는 서역인의 모습, 서역의 악기로 알려진 비파와 같은 것이 그려져 있어 이로써 동서 문화가 교류한 역사를 후세 사람들에게 증명하고 있습니다.

✿ 고구려의 불상 '연가7년명 금동여래입상'

현재 우리나라에는 고구려의 불교 유적과 유물이 많이 남아 있지 않습니다. 고구려와 발해가 망한 뒤 오랜 시간 동안 그 영토 안의 여러 유물과 유적이 방치된 것이 가장 큰 이유입니다. 또, 옛 고구려의 땅이 중국과 북한에 나뉘어 있어 우리가 발굴하거나 조사하기도 쉽지 않은 상황 때문이기도 합니다. 우리에게 가장 유명한 고구려 불교 문화재는 역사 교과서에서 자주 보았던 '연가7년명 금동여래입상'입니다.

1963년 경상남도 의령에서 발견된 이 불상은 이듬해 국보 제119호로 지정되었고, 현재 서울 국립중앙박물관에 보존되어 있습니다. 이 불상의 전체 키는 16.2cm이며, 순수하게 불상의 키만 살펴

연가7년명 금동여래입상
앞면과 광배 뒷면

보면 9.1cm라고 합니다. 그런데 여러분, 이 불상의 이름이 특이하지 않나요? '연가 7년'은 539년을 가리키는데, 불상의 광배 뒷면에 만들어진 연대가 '연가 7년'이라고 표시되어 있어서 이런 이름이 붙여졌습니다. 이렇듯 만들어진 정확한 연대까지 표시된 고대의 불상은 아주 희귀하기에 더 큰 역사적 가치를 지닙니다.

크기는 아담하지만 이 불상 뒷면에는 많은 내용이 새겨져 있습니다. 앞서 말한 것처럼 만들어진 연대가 적혀 있고, 평양의 스님들과 스님을 따르는 무리들이 만들었다는 내용이 적혀 있습니다. 또천 개의 불상을 만들어 배포했다는 내용이 나오는데, 연가 7년명 금동여래입상과 같은 불상이 이 불상 이외에도 999개 더 있을 수 있다는 이야기로 추측됩니다. 천 개의 불상이 고구려 평양에서 만들어졌다면 하나쯤은 경상남도 의령에서 발견될 수도 있었겠지요? 아마도 고구려에서 신라 또는 가야, 일본으로 불교를 전파할 때 선물용으로 쓰였을 것으로 추측할 수 있겠습니다. 어서 통일이 되어 남북한 사람들이 고구려 불교 유적과 불상에 대해 더 많은 이야기를 나눌 수 있으면 좋겠습니다.

더
알아보기

불교에서 연꽃은 어떤 의미일까요?

연꽃은 낮고 흐린 진흙물에서 피어나지만 더러움에 물들지 않기 때문에 불교에서는 성자의 탄생을 상징하거나 지혜를 상징하는 꽃입니다. 특히 사람이 죽을 때 염불을 하면 연꽃을 타고 극락정토로 가게 된다는 이야기도 불교 경전에 담겨 있습니다. 고구려 고분 내부에 그려진 연꽃은 바로 이와 같은 바람을 담고 있는 것으로 보입니다. 착한 마음으로 아미타 부처님을 염불하여, 다음 생에 아미타불의 극락정토로 가서 행복하게 살면서 부처가 되고 싶다는 바람이지요. 고분벽화의 연꽃은 고구려에 불교 문화가 전파되었고, 사람들 마음 속에 자리잡았음을 보여주는 것입니다.

연가7년명 금동여래입상이 가지는 의의는 무엇일까요?

고구려 땅을 압록강을 기준으로 나누면 위쪽은 중국에 아래쪽은 북한에 위치해 있습니다. 따라서 고구려 문화재는 대부분 북한과 중국 땅에 남아있기 때문에 고구려의 후예라 자부하는 우리가 고구려를 연구하는 데에 어려움이 있습니다. 연가7년명 금동여래입상은 현재 우리나라에서 발견되어 직접 보고 연구할 수 있는 고구려 불상이고, 조성 연대가 표시되어 있어 역사적 가치가 높다고 할 수 있습니다. 또한 고구려 불교 문화의 일부를 볼 수 있는 것만으로도 큰 의의가 있습니다.

왕즉불 사상을 황룡사에 구현하다

황룡사와 9층목탑 복원 모형

복원된 황룡사와 황룡사 9층목탑의 복원된 모습입니다. 6부족이 저마다 전통 신앙
을 고집했던 신라 사회에는 이차돈의 순교 이후 불교가 빠르게 자리 잡아 갔습니다.
삼국 중 가장 늦게 불교를 받아들인 신라 사회에서 불교는 어떠한 역할을 하였을까
요? 그리고 황룡사 9층목탑은 어떠한 이유로 만들어졌을까요?

✾ 신라의 왕은 곧 부처

고구려 승려 아도가 신라에 불교를 전래한 이후 이차돈의 순교를 거치면서 신라는 불교 사회로 변모해 갔습니다. 왕실이 적극적으로 불교를 후원하였고 심지어는 국왕이 직접 출가해 승려가 되어 수행하는 동시에 부처님 가르침을 실천에 옮기기도 하였습니다. 결국 신라의 왕은 불법을 바탕에 두고 국가를 통치해 나가게 되었던 것입니다. 이런 사상은 더 나아가 '왕이 곧 부처'라는 인식으로까지 확장되었는데 이를 왕즉불王卽佛 사상이라고 부릅니다.

특히 진흥왕은 인도의 아소카 왕을 자신의 모델로 삼으며 불법을 바탕으로 국가를 다스렸습니다. 자신이 곧 부처라고 여겨서 '진흥眞興'이라는 불교식 왕명을 사용하였습니다. 또 스스로 전륜성왕처럼 행동했는데, 인도 신화에 따르면 전륜성왕은 통치의 수레바퀴(법륜)를 굴려 현실 세계를 통일·지배하는 이상적인 제왕을 말합니다.

이러한 왕즉불 사상은 불교의 업설業說과 관계가 깊습니다. 과거에 착한 일을 하면 미래에 즐거운 과보가 따른다는 것이 업설의 핵심인데, 진흥왕은 자신이 전생에 좋은 행동을 한 까닭에 현 세상에 전륜성왕으로 태어났다고 여겼습니다. 진흥왕은 자신이 전륜성왕이라는 믿음을 백성들에게 보여주었고, 이후 신라의 왕들은 자신을 전륜성왕이라 여기며 권위를 높였습니다. 전륜성왕은 이 세상을 무기와 폭력이 아니라 진리로 다스리는 군주입니다. 평화와 행복이 깃드는 부처님 나라를 이룩할 임무를 가지고 있다고 여겼지요. 그리하여 전륜성왕을 자처하는 신라의 여러 왕들은 신라 땅 전체를 불국토로 만들고자 하였습니다. 경주 남산에 자리한 수많은 불상들은 경주가 불국토, 즉 부처님 나라임을 보여주는 것이었습니다.

불교를 받아들일 당시 신라는 고구려, 백제, 가야와 국경을 맞대고 있어 끊임없는 전쟁에 시달렸습니다. 신라 사회에 정착한 불교는 신라인들에게 이를 극복할 힘을 북돋아 주었습니다. 국왕이 앞장서서 불교를 받아들이자 6부족을 중심으로 여러 세력이 제각기 힘을 겨루던 신라인들도 불교를 중심으로 뭉치기 시작합니다. 이로써 국가 단결력을 강화하였습니다. 신라인들은 전쟁에 참여하는 것이 국왕과 나라를 지키는 성스러운 일이라 생각했습니다. 이를 통해 죽음의 공포를 이겨냈고, 죽어도 부처님의 세계로 간다는 믿음을 가졌습니다. 진평왕은 원광법사를 통해 기존의 화랑도를 빠르게 재정비하였습니다. 결국 화랑도를 바탕으로 삼국 중 가장 뒤처졌던 신라가 빠르게 성장하여 삼국의 주도권을 장악해 나간 것도 이와 무관하지 않다고 하겠습니다.

✾ 황룡사 장육존상과 9층목탑의 건립

신라 수도 경주에 커다란 절이 세워집니다. 그 절의 이름은 황룡사. 황룡사 창건설화에 따르면 진흥왕이 새로 대궐을 지으려 했는데 그곳에서 황룡이 나타났다고 합니다. 왕은 영험한 곳이라 판단하고 대궐 대신에 사찰을 지어 황룡사라 불렀지요.

동양에서 용龍은 전설적인 동물이기도 하거니와 국가를 지키고 불법을 수호하는 상징으로 쓰이기도 합니다. 진흥왕 14년(553)에 짓기 시작하여 진흥왕 30년(569)에 완공되었다고 전해지는 황룡사는 규모도 경주에서 가장 컸다고 알려져 있습니다. 후일 선덕여왕 때 건립되는 황룡사 9층목탑은 황룡사의 장륙상丈六像, 진평왕의 천사옥대와 함께 신라의 3대 보물로 유명합니다.

황룡사가 창건된 5년 뒤에는 장륙상이 만들어졌습니다. 장륙상은 장육존상丈六尊像으로도 불리는데, 키가 1장 6척인 불상이라는 의미입니다. 1장 6척은 지금으로 따지면 5미터 정도이며, 장륙상은 인도의 아육왕(아소카 왕) 상과 관련이 깊다고도 합니다. 황룡사의 장육존상은 진흥왕 35년(574)에 만들어졌는데, 무게는 3만 5,007근으로 황금이 1만 198분이 들었고, 함께 조성된 두 보살상은 철 1만 2,000근과 황금 1만 336분이 들었다고 합니다. 이 거대한 장륙상은 신라 왕실과 불교의 밀접한 관계를 말해준다고 할 수 있습니다. 신라 왕실은 장륙상을 만들어 황룡사에 봉안함으로써, 부처님의 권위를 빌어 국왕의 권위를 높이고자 하였던 것입니다.

중국에 불법을 구하러 간 자장 스님은 선덕여왕 12년(643)에 신라로 돌아왔습니다. 자장 스님이 유학을 마치고 돌아오기 전 스승에게 하직인사를 올렸는데 이때 스승인 원향 선사가 이렇게 말했다고 합니다.

황룡사지 모형

"내가 지그시 그대의 나라를 살펴보니 황룡사에 9층 탑을 세우는 것이 어떻겠

소. 그러면 해동의 여러 나라가 모두 그대의 나라에 항복할 것이오."

〈황룡사 9층 목탑찰주본기〉라는 문서에 적힌 내용입니다. 자장 스님은 신라로 돌아와 신라 불교계의 우두머리인 대국통大國統에 올라 신라 불교계를 개편합니다. 그리고 스승의 조언을 잊지 않고 선덕여왕에게 탑을 건립할 것을 건의합니다. 흔들리던 왕권을 안정시키고 백성들의 생각을 통합하기 위해서이지요. 그리하여 신라 왕실은 백제의 협조를 받아 황룡사 9층목탑을 완성합니다. 백제의 공장工匠 아비지는 목재와 석재를 싣고 신라로 와 탑을 완성해 갔습니다. 신라의 이간伊干 김용춘이 소장小匠 200명을 이끌고 이 공사를 주관하였습니다. 신라의 입장에서는 백제의 탑 축조 기술을 배울 수 있는 기회이기도 하였습니다. 이때 조성된 탑의 전체 규모가 자그마치 약 66m에 달했다고 하니 정말 대단한 규모였습니다. 80m 이상으로 보는 학자들도 있는데 지금까지 존재하였다면 틀림없이 세계적인 문화재로 자리매김하였을 것입니다. 이렇듯 큰 규모의 9층목탑을 통해 신라 왕실의 불국토에 대한 의지와 삼국 통일을 향한 굳은 의지를 확인할 수 있습니다. 이 의지가 밑거름이 되어 삼국 통일을 이루지 않았을까요.

그런데 이러한 배경 속에 황룡사가 건립되었고, 황룡사 9층목탑이 만들어졌지만 안타깝게도 몽골군의 침입 때 화재로 황룡사 9층목탑과 장육존상은 사라집니다. 이제 경주는 더 이상 불국토가 아닌 땅이 되었습니다. 그러나 국립경주박물관에 모형으로 복원된 황룡사와 황룡사 9층목탑의 규모를 통해 추측해보면 그 옛날 경주가 불국토였음을, 그리고 황룡사가 그 중심에 있었음을 역사적 상상력을 통해 확인할 수 있습니다.

✿ 원광과 화랑도

중국에서 도교와 유교를 두루 섭렵한 원광 스님은 신라로 돌아가 자신이 배운 바를 펼쳐야겠다고 생각하였습니다. 원광 스님이 신라로 돌아오자 왕은 성인을 대하듯 극진히 모셨습니다. 그는 기존 신라 사회의 소박한 신앙 속에 불교 교리와 불교 의식의 체계를 세우게 됩니다. 불교 신자로 새롭게 태어남을 상징하는 계를 주는 일과, 자신의 잘못을 뉘우치고 다시는 같은 잘못을 저지르지 않겠다고 다짐하는 참회법이 그것입니다. 수계와 참회법을 신앙 속에 확립시킴으로써 불교의 확고한 이념 아래 신라는 더욱 체계적으로 사상을 정비하게 됩니다. 신라에 불교가 자리 잡는 일을 주도한 그는 이후 '대사大師'라고 불렸습니다.

《삼국사기》 열전에는 원광 대사가 젊은 신도들에게 다섯 가지 계율을 주었다고 기록하고 있습니다. 그것이 '임전무퇴臨戰無退' 등으로 우리가 익히 들어 알고 있으며 자주 인용하는 세속오계世俗五戒입니다. 세속오계의 내용은 '첫째, 임금을 섬기되 충성으로 할 것이요, 둘째, 부모를 섬기되 효성스럽게 할 것이요, 셋째, 친구와 사귀되 믿음으로 할 것이요, 넷째, 싸움에 나가서는 물러서는 일이 없을 것이요, 다섯째, 산 것을 죽이되 가려 해야 할 것이다. 자네들은

원광법사부도탑
경주의 금곡사지에 있는 원광 스님의 부도탑입니다.

이를 행하고 소홀히 하지 말라'라는 내용입니다. 세속오계는 화랑 낭도들의 금과옥조와 같은 규율이 되며 신라군의 정신적 무장을 도와 신라의 삼국 통일에 큰 영향을 끼쳤다고 평가할 수 있겠습니다.

　화랑도는 국선도國仙徒·풍월도風月徒·원화도源花徒·풍류도風流徒라고도 부르며, 인재를 양성하여 국가에 등용함을 목적으로 운영되었습니다. 화랑도는 진흥왕 이전부터 존재하였으나, 정확한 설치 연대는 알 수 없습니다. 다만 우리가 알고 있는 화랑도는 진흥왕 때 재정비되어 국가 조직으로 운영되었고, 진흥왕은 이들을 통해 군사력을 강화하고자 하였습니다. 대표적인 화랑으로는 이사부 장군의 가야 정벌 때 큰 공을 세운 사다함, 삼국 통일의 주역인 김유신, 황산벌에서 계백과 맞서 싸운 반굴과 관창, 〈찬기파랑가〉로 유명해진 기파랑 등이 있습니다.

부처의 미소가 백제를 비추다

익산의 미륵사지 석탑

백제를 대표하는 미륵사지 석탑은 우리나라에서 가장 큰 석탑입니다. 미륵사지 석탑은 선화공주와 결혼한 백제 무왕의 설화가 사실이 아님을 증명한 탑으로도 유명합니다. 무왕의 부인이 선화공주가 아니라 백제 귀족 사씨의 딸이었다는 기록이 탑의 사리함과 봉안기에서 나왔기 때문입니다. 그런데 이러한 석탑이 왜 수도인 부여가 아니라 익산에 만들어졌을까요?

❀ 〈서동요〉의 비밀을 풀어준 미륵사지 석탑

익산의 미륵사지 석탑은 백제를 대표하는 탑 중 하나입니다. 무왕 때 만들어진 이 탑은 백제 탑의 시작을 보여주는 아주 거대한 탑입니다. 지금은 6층까지만 남아있지만, 최소 7층 최대 9층으로 짐작됩니다. 일제강점기인 1915년 탑의 붕괴를 막기 위해 시멘트로 한 쪽 면을 발라버렸는데, 보기에도 좋지 않고 추가 붕괴 가능성 때문에 1999년부터 탑을 해체하였습니다. 현재는 보수 정비 중인데, 2018년에는 보수 및 정비 공사가 마무리되어 일반에 공개될 예정입니다.

문화재청은 미륵사지 석탑을 보수 정비하던 2009년에 '금제 사리호와 금제 사리봉안기'를 발견했습니다. 금제 사리호란 부처님의 유해인 사리를 담은, 금으로 만든 항아리를 뜻합니다. 이 사리호는 백제 금속공예 기술이 우수하다는 것을 입증해주는 유물입니다.

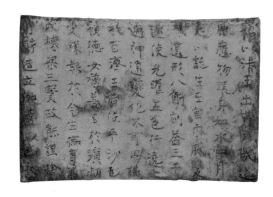 

금제 사리봉안기와 사리호

또한 어떤 사연으로 사리호를 탑 속에 모시게 되었는지를 기록한 사리봉안기에는 다음과 같은 내용이 담겨 있었습니다.

우리 백제 왕후께서는 좌평(佐平) 사택적덕(沙宅積德)의 따님으로, 지극히 오랜 세월에 선한 인연을 심어 이번 생에 뛰어난 과보를 받아 만백성을 어루만져 기르셨다. 그리고 삼보(三寶)의 대들보가 되셨기에 깨끗하게 모든 재물을 기쁘게 내서서 절을 세우시고, 기해년(己亥年) 정원 29일에 사리를 받들어 맞이하였다."

미륵사의 창건 목적과 탑의 건립 연대를 알려주는 내용으로, 미륵사를 누가 창건했는지에 관한 궁금증을 대번에 풀어주는 귀한 사료입니다. 그동안은 《삼국유사》의 기록을 바탕으로 하여 미륵사가 무왕 및 선화공주와 밀접하게 관련이 있다고 알려져 왔습니다. 그러나 미륵사지 석탑에서 금제 사리호와 봉안기가 새로 발견되면서 백제 8대 귀족 성씨 중 하나인 사씨의 딸이 바로 무왕의 왕비라는 것과, 바로 이 사씨가 미륵사 창건과 밀접한 연관이 있다는 결론에 이르게 됩니다. 그동안 전해지던 선화공주 이야기는 입에서 입으로 내려오는 설화일 뿐 역사적 사실이 아닐 확률이 높습니다.

무왕이 익산에 미륵사를 창건한 이유는 어느 날 행차 중에 그곳에서 미륵삼존을 만났기 때문이었습니다. 이전부터 귀족들의 견제를 피하고 왕권을 강화하기 위해 익산을 별도別都로 삼았던 무왕

별도(別都)
수도 이외의 지역에 수도 기능을 부여한 도시입니다.

은 639년 익산에 동방 최대 규모의 미륵사를 창건합니다. 무왕은 장차 익산으로 수도를 옮길 계획까지 세웠던 터라 미륵사 창건에 심혈을 기울였던 모양입니다.

익산 미륵사의 중요한 특징은 3금당 3탑의 가람伽藍 배치라는 점입니다. 부처님을 모신 전각이 3개이고, 탑도 3개인 절이라는 말입니다. 그런데 3개의 탑 중 가운데 목탑은 불에 타버린 것으로 추정되며 양 옆의 동탑과 서탑 중 서탑만 남아 있는데, 이것이 우리가 지금 볼 수 있는 미륵사지 석탑입니다. 남아 있는 석탑은 재료는 돌을 썼지만 목탑의 양식을 따르고 있습니다. 야외에 있는 목탑은 나무라는 재료의 특성상 빗물이 고이면 썩기 때문에 지붕에 경사를 주어야 했습니다. 한편 석탑은 빗물이 고여도 썩지 않는 재료인 돌을 쓰기 때문에 지붕에 경사가 있어야 할 필요가 없었습니다. 그러나 중국에서 들여온 목탑의 양식을 그대로 따라서 석탑을 만들었기 때문에 석탑의 지붕돌에는 4면에 반전이 있었던 것입니다.

이외에도 백제를 대표하는 석탑으로는 정림사지 5층석탑이 있는데, 미륵사지 석탑과 마찬가지로 목조건물의 형식을 충실히 따르고 있습니다. 이 두 탑은 우리나라 석탑의 시조격으로 평가되며 백제 석탑의 정형을 보여준다고 할 수 있습니다. 미륵사에서 멀지 않은 곳에 위치한 왕궁리 5층석탑은 고려 초기에 세워진 것으로 추정되며, 이 또한 백제 탑의 양식을 따라 만들어진 것으로 알려져 있습

가람
수행공동체를 뜻하는 산스크리트어 상가와 숲 속의 거처를 뜻하는 아라마를 합친 말, 상가람마의 준말입니다. 출가 수행자들이 번잡한 곳을 떠나 숲속에서 조용히 수행에 몰두할 수 있는 곳을 뜻하며, 이 말이 나중에는 절·사원·사찰의 뜻으로 쓰이게 됩니다.

부여 정림사지 5층석탑

니다. 결론적으로 5층탑은 백제계 석탑 양식의 중요한 특징이라 할
수 있습니다.

✲ 6세기 태안 반도에 위치한 2 좌의 마애삼존불

옛 백제 땅인 태안반도 부근에는 유명한 마애삼존불이 두 좌나
있습니다. 마애불이란 암벽에 새긴 불상을 말하는데, 가장 널리 알
려진 서산마애삼존불이 바로 백제 작품입니다. '백제의 미소'라고
도 불리는 서산마애삼존불은 국보 제84호로 지정된 중요한 문화재
입니다. 가운데 부처는 석가여래如來이고, 왼편에는 관음보살입상이
오른편에는 미륵반가상이 부처를 보필하고 있습니다.

서산마애삼존불과 멀지 않은 태안에도 마애삼존불이 있습니
다. 태안마애삼존불은 서산마애삼존불과 마찬가지로 국보로 지정
되어 있는데 특이하게도 가운데에는 미륵보살이 왼편에는 석가여
래가, 오른편에는 다보여래로 추정되는 조각이 새겨져 있습니다.
다보여래의 다보는 불국사 다보탑의 그 다보와 같은 말입니다. 보
통은 서산마애삼존불처럼 가운데 부처가 있고 양 옆에 협시 보살이
자리하는데, 태안마애삼존불은 정반대의 배치를 보여주고 있어 이
채롭습니다. 배치는 다르지만 가운데 보살은 작게, 양 옆 2명의 부
처는 크게 조각한 것도 재미납니다.

왜 백제인은 하필이면 이 두 곳에 부처님을 새겼을까요? 이 곳
서산과 태안에 유명한 마애삼존불이 연거푸 조각되어 있었던 이유

좌(座)
불상을 세는 말입니다.

여래
부처를 이르는 말입니다.

협시 보살
협시 보살이란 부처님 양 옆에
자리하여 부처님을 도와 세상
을 구제하는 일을 하는 덕이 높
은 수행자를 말합니다.

◀ 서산 용현리 마애여래삼존상
▶ 태안 동문리 마애삼존불입상

는 6세기 백제사와 큰 연관이 있습니다. 5세기 고구려 장수왕의 남하 정책으로 한강 유역을 빼앗긴 백제는 중국과 교류를 위해 한강 지역 대신에 태안 지역에서 바로 중국으로 가는 길을 새롭게 열었습니다. 이때 수도인 웅진 또는 사비로부터 태안으로 가는 길목에 마애삼존불을 배치하여 외교와 교역의 안녕과 평안을 빌었던 것입니다.

☸ 무령왕과 성왕 때의 불교

백제를 대표하는 스님인 겸익은 바다를 건너 남중국을 거쳐 인도에 직접 갔습니다. 겸익 스님은 인도에서 5년 남짓 불법을 배운 뒤 526년 귀국하였고, 귀국할 당시 불경을 가지고 와 그 뜻을 이루었습니다. 겸익 스님이 활동하던 시기는 무령왕과 성왕이 백제를

다스리던 시기로 고구려에게 무너진 국가의 체제를 다시 세우고 국
운을 일으키려던 때였습니다. 이 때는 백제의 수도가 지금의 공주
지역인 웅진熊津에서 지금의 부여인 사비泗沘로 옮겨지던 시기였습
니다.

　　삼국의 여러 고분 중 유일하게 무덤의 주인이 명확한 고분이
바로 무령왕릉입니다. 이는 무령왕릉 발굴 당시 왕릉의 입구에 서
있던 두 개의 묘지석에 무덤의 주인이 누구인지 새겨져 있었기 때
문입니다. 무령왕릉의 지석에는 토지신에게 무덤 터를 구입했다는
매지권買地券이 새겨져 있어 더욱 유명합니다.

무령왕릉을 만든 왕은 성왕으로, 무덤의 벽돌을 모두 연꽃 무늬 벽돌로 쌓았습니다. 그는 또 백제의 수도를 지금의 부여로 옮긴 후 많은 절을 짓고 탑을 쌓았으며 불교를 크게 중흥시켰습니다. 무령왕릉과 사비(부여) 모두 그가 꿈꾸던 불국토를 현실에서 구현하고자 했던 결과물이라 하겠습니다. 성왕聖王이라는 그의 이름 역시 전륜성왕을 의미하는 것입니다.

삼국과 가야, 일본으로 불교와 문화를 전파하다

백제관음상(일본 호류지)

일본 고대 문화의 보고로 알려진 나라현 호류지(法隆寺)에 모셔져 있는 불상입니다.
사찰 자체도 백제인들의 기술로 세워졌고, 고구려인 담징이 그린 금당벽화도 이 절에
있었다고 하지요. 이처럼 일본에 남겨진 삼국의 문화유산은 어떤 것들이 있을까요?
또 불교와 어떠한 연관이 있을까요?

✿ 고구려, 백제의 일본으로의 문화 전파

고대 일본에서 불교를 도입하는 데 가장 적극적인 사람은 쇼토쿠 태자였습니다. 호류지를 창건하는 데 중요한 역할을 한 그는 고대 일본의 국가 체제 형성에 큰 영향을 끼쳤으며, 불교를 정치적 이념으로 삼아 일본을 지배하였습니다. 이렇듯 일본 고대사에 중요한 역할을 했던 쇼토쿠 태자의 스승이 바로 고구려의 승려인 혜자 스님입니다. 또 고구려의 혜관 스님은 일본 불교교단 형성에도 큰 기여를 하였습니다. 이외에도 고구려의 문화를 일본에 전파한 이가 있었는데, 그가 바로 담징입니다. 담징은 일본에 물감을 만드는 법과 종이·붓·먹을 만드는 방법을 전해주었다고 합니다. 아직도 논란 중에 있지만, 호류지의 금당벽화는 그가 그린 작품이라고 전해집니다.

고구려 스님들이 일본 불교에 큰 영향을 미쳤지만, 일본에 가장 큰 영향을 주었던 나라는 백제입니다. 기록으로는 백제 성왕 때 일본에 불교를 전해주기 시작하였고, 백제 무왕 때 일본으로 건너간 관륵 스님은 일본의 불교교단을 정비하여 일본 최초의 승정이 되었습니다. 호류지에 '백제관음상'이라는 이름의 불상이 존재하는 것도 우연이 아닌 것입니다. 나무로 만들어진 2m가 넘는 대단히 큰 이 불상은 '동양의 비너스'라는 별칭이 있을 정도로 아름다운 자태를 보여줍니

호류지 금당벽화

84

다. 관음상의 우아한 곡선, 인자한 얼굴이 많은 이들에게 감명을 주고 있습니다.

이외에도 백제는 아직기와 왕인을 일본에 보내어 유학과 한문을 전해주었습니다. 근초고왕의 명을 받아 일본에 건너간 아직기는 일본 태자의 스승이 됩니다. 이후 일본 유학 발전의 기초를 마련하였으며, 왕인을 일본에 초청하는 데 중요한 역할을 합니다. 왕인은 근구수왕의 명을 받아 일본으로 건너가 《천자문》과 《논어》를 전했다고 하는데, 일본의 고대 역사책에도 등장하는 인물입니다. 왕인은 일왕의 신임을 얻었고, 일본 태자의 스승이 되어 일본에 정착했답니다.

불교와 문화를 전파해 주는 것에 집중한 고구려와 달리 백제인들은 많은 이들이 일본에 직접 건너가 정착하고 활약하였습니다. 일본에서 '도래인渡来人'이라고 불린 백제인들은 선진 문물과 기술을 가져와 고대 일본의 여러 분야에서 재능을 보여주었습니다. 특히 일본 고대 문화인 아스카 문화의 형성에 큰 영향을 주었으며 고대 일본 정치계에서도 큰 역할을 하였습니다. 이에 관해 현재 일왕인 아키히토도 2001년 기자회견에서 한국과의 인연을 느끼고 있다고 말한 적이 있습니다.

아키히토 일왕은 "나 자신으로서는 간무 천황(50대 천황, 737~806, 재위 781~806)의 생모(生母)가 (백제) 무령왕의 자손이라고 《속일본기(續日本紀)》에 기록돼 있

어 한국과의 인연을 느끼고 있습니다."라고 말했습니다(《동아일보》2015년 6월 25

일자 기사).

그동안 일본은 일본 왕가의 혈통이 만세일계萬世一系라며 자랑

해왔습니다. 그런데 일왕이 직접 자신이 백제 왕실의 후예임을 인

정하는 발언을 하자 이는 큰 파장을 일으켰습니다. 일왕가에 도래

인인 백제인의 피가 흐른다고 공식 인정한 셈이 되었고, 당시 백제

인들이 고대 일본에서 어떠한 지위에 있었는지 잘 알 수 있습니다.

3년 후에는 아키히토 일왕의 5촌인 일본 왕족 아사카노 마사히코朝

香誠彦 씨가 무령왕릉을 찾아 참배하고 간 사실을 보면 도래인이 일

본 사회에 끼친 영향은 참으로 크다고 할 수 있습니다.

✿ 꼭 닮은 두 개의 미륵반가사유상

"고대 그리스 신들의 조각과 로마 시대에 만든 수많은 조각품

은 아직 완전히 인간적인 냄새를 벗어나지 못했다. 이 불상은 지상

에서 모든 시간적인 것의 속박을 초월해서 이루어 낸 인간의 가장

맑고 원만하고 영원한 모습의 표상이다." 이렇게 극찬을 하는 이는

독일 철학자 야스퍼스입니다. 세계적 석학인 그를 이토록 감동에

젖게 만든 불상은 바로 일본 국보 제1호인 목조미륵반가사유상입

니다. 교토의 코류지廣隆寺에 소장되어 있는 이 반가사유상은 일본에

서뿐만 아니라 세계적으로도 극찬을 받고 있는 불교문화재입니다.

코류지의 목조미륵반가사유상(좌)
금동미륵반가사유상(우)

그런데 세계적으로 유명한 일본의 목조미륵반가사유상과 꼭 닮은 불상이 우리나라에도 있습니다. 국보 제83호로 지정된 금동미륵보살반가사유상이 바로 그것입니다. 금동미륵보살반가사유상은 백제 혹은 신라에서 만든 것으로 추정되는데, 두 개의 미륵반가사유상은 재료만 나무와 금동으로 다를 뿐 거의 흡사한 모습입니다.

모습이 비슷할 뿐만 아니라 고대 일본 문화 형성에 우리가 끼친 영향이 많다는 점을 생각하면 심증적으로 일본의 목조미륵반가사유상을 백제 또는 신라에서 만들어 주었을 것이라고 생각하기 쉽습니다. 물론 확률이 높은 이야기지만, 정확한 근거는 없고 추정할 뿐입니다. 특히 불상의 재료가 일본에서 생산된 것임을 감안해서

생각해보면 '일본의 나무를 받아와 백제에서 만들어서 일본에 선물하였다'라는 설, '백제 또는 신라의 기술자가 일본에 건너가 만들어주었다'는 설 등이 일리 있는 주장들입니다. 이러한 주장의 진실성 여부와 별개로 중요한 점은 백제 또는 신라의 문화와 기술이 일본에 건너갔다는 것이고, 일본의 문화 형성에 많은 영향을 끼쳤다는 것입니다. 일본인이 일본의 나무를 가지고 조각을 했다고 해도 우리의 것을 참조하지 않고는 만들기 어려웠을 것이라는 사실을 반증한다고 볼 수 있습니다. 꼭 우리가 만들어줬다는 점을 강조하지 않아도 고대에 우리가 일본에 전해준 문화와 기술 그리고 정착한 도래인들의 활약은 사라지지 않는 사실인 것입니다.

✸ 다카마쓰 고분 벽화

1971년 평안남도 남포시 수산리에서 한 고분이 발굴되었습니다. 이 고분은 5세기 말 고구려 고분으로, 남아 있는 부장품은 거의 없으나 벽화가 그려져 있었습니다. 벽화에는 고구려 귀족들의 옷차림과 일상 생활 모습이 잘 표현되어 있는데, 특히 여인들의 색동주름치마가 눈에 들어옵니다.

한편, 1년 뒤인 1972년 일본의 나라현에서 다카마쓰 고분이 발굴되면서 일본 고고학계와 사학계에서 큰 주목을 받았습니다. 고구려 수산리 고분군과 마찬가지로 부장품은 거의 없었지만, 고분 안에는 중요한 벽화가 존재하였습니다. 이들 벽화 중 우리의 관심을 끄는 것은 여인들의 군상을 그린 부분으로 일본에서는 국보로 지정되었습니다. 이 벽화는 7세기 말에서 8세기 초에 그려진 것으로 추정되고, 고분 주인은 왕족이나 귀족일 것으로 추측되고 있습니다.

일본 다카마쓰 고분 벽화가 우리 눈길을 끄는 이유는 무엇일까요? 고분 벽화의 주인공이 고구려 수산리 고분 벽화와 마찬가지로 여성들이라는 점, 그 여인들의 옷차림인 긴 저고리에 색동주름치마의 모습 때문입니다. 오랜 시간이 흘러 벽화의 색이 많이 바래졌음에도 두 고분에서 발견된 벽화는 유사점을 아주 많이 확인할 수 있을 정도입니다. 고구려 벽화가 일본의 그것보다 2세기 정도 앞선다는 점을 감안하면 고구려의 회화 기법이 일본에 전래되었을 가능성을 보여주고 있습니다.

10. 원효와 의상의 활동

원효와 의상은 어떤 세상을 꿈꾸었을까?

경주 분황사 모전석탑

원효와 의상은 신라를 대표하는 승려입니다. 원효는 폭우를 피해 굴 속에서 잠을 자다가 다음날 그곳이 무덤인 것을 알고 깨달음을 얻었다고 합니다. 의상은 여러 어려움 끝에 중국으로 유학을 떠나 중국의 불교를 배워온 것으로 유명합니다. 신라에 남은 원효와 유학을 떠난 의상. 두 사람은 각각 어떤 불국토를 꿈꾸었을까요?

✿ 원효, 백성과 함께 어우러지다

원효 스님은 신라가 통일을 이루기 전인 617년에 태어나 신라가 삼국 통일을 이룬 지 10년 후인 686년에 세상을 떠났습니다. 그의 속세 성姓은 설씨, 신분은 6두품으로 알려져 있고, 원효는 그의 법명입니다. 진덕왕 2년(648)에 황룡사에서 스님이 되었고, 이후 여덟 살 아래인 의상 스님과 함께 당나라로 유학길에 나서지만 도중에 홀로 돌아옵니다. 거기에는 전설같은 이야기가 전해집니다.

법명
출가한 승려들이 스승으로부터 받은 이름을 말합니다.

두 스님은 어느 날 폭우를 피해 굴에 들어가 그곳에서 밤을 지내게 되었습니다. 피곤한 나머지 달콤하게 잠을 자고 난 다음 날 눈을 떠보니 그곳은 아늑한 굴이 아니라 무덤이었지요. 굴이라 여겼을 때는 꿀잠을 잤는데 무덤인 줄 알고 난 후에는 한 순간도 머물고 싶지 않았습니다. 원효 스님은 전날 편안했던 마음과 다음 날 불안해진 마음을 보면서 두 마음이 다 자신의 마음이었고, 서로 다르지 않다는 것을 알아차립니다. 지옥 같은 무덤과 극락 같은 아늑한 굴! 현장은 달라지지 않았는데 자신이 어떻게 생각하느냐에 따라 지옥과 극락을 널뛰기하는 스스로를 보게 된 것이지요. 그리하여 '진리는 결코 밖에서 찾을 것이 아니라 자기 자신에게서 찾아야 한다'는 깨달음을 얻었다고 전해집니다.

원효대사

이 일을 겪은 후에 원효 스님은 당 유학을 그만둡니다. 하지만 이 덕분에 의상 스님이나 순경 스님과 같은 중국 유학승들과 사상적 차별화에 성공할 수 있었지요. 유학승들 대다수는 자신이 배워

설총의 묘
이두를 만든 설총의 묘로 경
주시 보문동에 있습니다.

온 불교를 신라 사회에 접목해보려고 노력했
지만, 원효 스님은 다양한 종파의 불교를 다
받아들여 자신만의 불교사상 체계를 만들어
갔던 것입니다. 이러한 그의 사상은 모든 것이
한 마음에서 비롯된다는 일심사상一心思想을 비
롯하여 어떤 것에도 걸리지 않는다는 무애사
상無碍思想과, 슬기롭게 갈등과 분열을 다스리
는 화쟁사상和諍思想으로 표현할 수 있습니다. 이러한 원효 스님의 사
상은《대승기신론소》라는 책에 그대로 담겨 있습니다.

　　또한 원효 스님의 저술 중에《금강삼매경론》이라는 책이 아주
유명합니다.《금강삼매경론》이란《금강삼매경》이라는 경을 완벽하
게 이해한 뒤에 해석을 붙인 책이라는 뜻입니다. 본래 경전 해설서
는 소疏라고 부릅니다. 그런데 원효 스님의 이 해설서에는 '소'가 아
닌 '논'이라는 글자가 붙어 있습니다. '논論'이란 일정한 깨달음을
얻은 사람이 해석을 붙인 책에만 붙일 수 있는 표현으로 부처님 가
르침을 담은 경과 거의 같은 권위를 가지고 있습니다. 특히 인도에
서 전해진 부처님 가르침을 더욱 치밀하게 이론을 전개하여 독자적
으로 발전시킨 중국 불교계는 다른 나라 스님들이 아무리 완벽하게
경전 해설서를 써도 절대로 '논論'이라는 이름을 붙이지 않고, 소疏
라고 부릅니다.

　　하지만 원효 스님의 책에 '논'이라는 이름을 붙였다는 사실은,

《금강삼매경》이라는 경전에 대한 원효 스님의 해석에 대해 중국 불교계가 인정하고 존중한다는 것을 보여주고 있습니다. 이와 같이 경·율·논 삼장에 대해 해박했던 원효 스님의 사상은 한국 불교의 토대를 탄탄하게 만들었고 나아가 중국과 일본에까지 많은 영향을 끼치게 됩니다.

원효 스님이 활동한 당시 신라 불교는 지배층과 지식인들에게만 유효한 종교였습니다. 그러나 유학을 그만두고 돌아온 뒤 그는 여느 스님들과는 다른 행보를 걸었고, 불교를 전하는 방식도 달랐습니다. 원효 스님은 더 이상 출가의 세계에만 머무르지 않았고 요석 공주와 연분을 맺어 아이를 낳습니다. 이 분이 바로 이두를 발명한 설총입니다.

또 원효 스님은 서민들과 어울려 술집에 드나들고 춤과 노래를 즐기는 모습도 보였습니다. 남녀노소나 신분의 귀천을 가리지 않고 백성들과 어울어져 부처님 가르침을 전했지요. 스님은 시장에서 박을 두드리며 염불하는 법을 가르쳐주고 그 소리에 맞춰 춤을 춰보이기도 했습니다. 이로써 많은 사람들이 부처님 이름을 알게 되고 염불을 하게 되었다고 합니다.

배우지 못한 백성들과 함께 한 원효 스님은 불경의 깊은 교리를 이해하지 못하더라도 극락정토에 가서 성불할 수 있다는 주장을 펼쳤습니다. 아미타부처님에게 귀의한다는 뜻의 "나무아미타불"이라고 염불하기만 하면 된다는 깃이지요. 원효 스님의 이같은 포교

행은 일반 백성들에게도 불교가 스며드는 계기가 되었습니다.

원효 스님 말고도 혜숙, 혜공 스님도 불교의 대중화에 앞장 선 분들입니다. 이런 스님들의 노력으로 신라에서는 지배층뿐만 아니라 일반 백성들도 부처님 가르침을 깊이 믿게 되었지요.

✸ 모범 유학생 의상, 한국 화엄학의 시초가 되다

625년에 태어나 702년에 세상을 떠난 의상 스님은 원효 스님과 거의 동시대를 살다가신 분입니다. 두 스님 모두 삼국시대에 태어나 통일신라시대에 떠나셨지요. 원효 스님과 달리 왕족 출신인 의상 스님은 당나라 유학을 잘 마치고 돌아옵니다.

백제가 멸망한 이듬해인 661년 당의 수도 장안(현재 중국의 시안)의 지엄 스님에게 화엄을 배운 뒤 9년 만인 670년에 귀국합니다. 이때는 신라가 백제와 고구려를 멸망시킨 뒤 당과의 전쟁을 앞둔 시점입니다. 신라로 돌아온 스님은 현재 강원도 양양 부근의 관음굴에서 기도했는데 이곳이 지금의 낙산사입니다. 이후 의상 스님은 신라가 당을 물리치고 삼국통일을 완수했던 676년 태백산에 부석사를 창건하여 본격적으로 화엄경에 담긴 깊은 뜻을 널리 전하기 시작합니다.

원효 스님이 세상과 백성들에게 자신의 몸을 던져 불교 대중화에 이바지했다면 의상 스님은 전형적인 모범생 스님이었습니다. 체계적인 배움에 젊음을 불살랐고, 명석한 머리로 화엄경의 이론을

의상대사

화엄(華嚴)
화엄은 온갖 꽃으로 장엄하게 꾸민다는 말인데, 대승불교의 대표적인 경전이 바로 《화엄경》입니다. 이 경전을 중심사상으로 채택한 종파가 화엄종입니다.

94

철저하게 정리하여 제자들을 길러냈지요. 화엄 사상은 한 문장으로 표현하면 '하나가 전체요, 전체가 하나다'라고 표현할 수 있습니다. 스님은 화엄 사상을 강조하여 통일 직후 신라 사회를 고구려 사람과 백제 사람까지 하나로 아울러 통합해 나가는 데 큰 역할을 했고, 훗날 한국 화엄종의 시조가 됩니다.

부석사
의상대사가 676년에 창건한 사찰로 경북 영주시에 있습니다.

　　스님이 남긴 글 중에 가장 대표적인 것이 〈화엄일승법계도〉입니다. 이 글은 다른 이의 글을 옮겨 적은 것이 아닌 독창적인 글로 평가받고 있습니다. 의상 스님은 이 저술을 통해 모든 존재가 서로 영향을 미치고 조화를 이루어 순간과 영원이 서로 만나고 티끌과 우주가 서로 자리를 바꾼다고 주장했습니다. 결국 모든 것은 원융회통圓融會通의 모습으로 자리한다는 것인데, 완벽하게 서로 어우러져 상생하고 화합하고 균형을 이루어 감을 의미하는 것입니다. 의상 스님은 화엄의 사상을 전파하는 데에만 치중하지 않았습니다.

　　경상북도 영주 부석사에 아미타부처님을 모시며 정토신앙을 전하였고, 낙산사 관음굴에서 관세음보살님을 친견한 뒤에 관세음신앙을 전파하기도 했지요. 불교 경전에 해박했던 의상 스님은 부처님 가르침대로 매우 검소하게 생활했습니다. 스님의 옷인 법의와 정병淨瓶, 식사 도구인 발우 외에는 어떤 것도 소유하지 않았고, 국가에서 주는 토지와 노비도 받지 않았다고 합니다.

정병(淨瓶)
정병이란 깨끗한 물을 담는 병으로, 불교 도구의 하나입니다. 스님이 지녀야 하는 18가지 물건 중의 하나였는데 점차 불전에 바치는 깨끗한 물을 담는 그릇으로 쓰이게 되었습니다.

의상 스님은 화엄학의 시조가 되어 일가를 이루었고, 그의 제자들도 스승의 화엄학을 계승 발전시켰습니다. 스님의 제자들에 의해 신라 말기에는 지리산 화엄사, 가야산 해인사, 계룡산 갑사, 금정산 범어사 등이 건립되었고 이 절들은 지금까지 명맥을 이어오고 있는 귀중한 불교문화재이며 우리의 문화유산입니다. 시간이 날 때 이런 사찰을 들러보는 건 어떨까요? 세상의 어지러운 갈등을 현명하게 다스리고, 분열의 상처를 조화롭게 어루만지는 의상 스님의 지혜와 숨결을 느낄 수 있을 것입니다.

더 알아보기

원효 스님은 무엇을 깨달았고, 신라 사회에 어떠한 기여를 했나요?

원효가 해골물을 마시고 중국 유학을 떠나지 않았다는 내용은 후대에 만들어진 이야기입니다. 사실 관계를 규명하는 것도 중요하지만, 원효가 무엇을 깨달았는지가 더욱 중요하다고 하겠습니다. 원효 스님은 진리가 자기 자신의 마음에 있다는 사실을 깨달았습니다. 이를 토대로 기존의 불교계와 다른 길을 걸었습니다. 만나는 사람을 가리지 않았고, 모든 이와 소통하며 살았습니다. 이는 귀족이나 학자뿐만 아니라 신라의 일반민도 신앙을 가지게 되는, 다시 말해 불교의 대중화에 큰 기여를 한 것으로 평가받을 수 있겠습니다.

의상 스님이 당 유학에서 배운 화엄 교학에는 어떠한 진리가 있나요?

신라가 삼국통일을 위해 큰 전쟁을 치르던 때 당으로 유학을 떠났던 의상 스님이 유학을 마치고 돌아온 뒤 몇 년 지나지 않아 삼국통일이 이루어졌습니다. 통일 이후 신라에는 고구려인, 백제인, 신라인을 하나로 통합해야 하는 시대적 과제가 있었습니다. 의상은 '하나가 전체요, 전체가 하나다'라는 화엄 교학의 진리를 강조하여 통일 직후의 신라 사회를 통합해 나갔습니다.

신라인, 해외로 뻗어 나가다

장보고 동상(적산 법화원)

중국 산둥 반도에 위치한 적산 법화원이라는 절에는 장보고 동상이 있습니다. 삼국 통일 이후 수많은 신라인들이 중국으로 건너갔고, 그곳에서 적응해 나갔습니다. 중국 땅에 세워진 장보고 동상은 당시 활발했던 중국과 신라 사이의 교류 양상을 상징적으로 보여줍니다. 장보고 동상은 어떤 연유로 중국 땅에 세워졌을까요?

✿ 신라원, 중국으로 떠난 신라인의 구심점이 되다

신라가 삼국을 통일하자 신라 사람이 중국으로 가는 일은 무척 쉬워졌습니다. 예전에는 고구려, 백제의 압박 속에서 당항성을 통해서만 중국으로 갈 수 있었는데 이제는 육로와 당항성 외의 해로가 모두 열렸기 때문입니다. 이 중 신라인들이 주로 이용한 길은 배를 타고 산둥 반도로 향하는 것이었습니다. 때문에 산둥 반도에는 신라인들이 하나둘씩 모여들게 되었고, 집단 거주지를 이루게 되었습니다. 이 집단 거주지를 우리는 신라방이라고 부릅니다.

신라인들은 조국을 떠나 머나먼 중국에서 함께 모여 살며 공동체 의식을 새겼습니다. 그때 산둥 반도의 신라인들을 하나로 묶어준 것은 바로 공통의 신앙생활이었고, 불교가 이를 담당했습니다. 신라방에는 자연스레 신라인들이 주로 이용하는 사찰인 신라원이 생겼고, 이국땅에서 벌어지는 많은 일들을 해결해 나갔습니다. 아마 이곳에서 신라인들은 자신의 건강과 안전, 그리고 가족의 안녕을 빌었을 것입니다.

신라원 가운데 우리에게 가장 잘 알려진 곳은 장보고가 세운 법화원입니다. 9세기 초 산둥 반도 적산촌에 세웠지요. 법화원은 당으로 가는 유학승 중 상당수가 이곳에서 도움을 받았을 것입니다. 도움을 받았던 이들은 신라인들만이 아니었습니다. 일본의 구법승들도 법화원의 도움을 받았지요.

구법승(求法僧)
부처의 진리[법]를 얻기 위해 스승이나 경전을 구하러 다니는 스님을 말합니다.

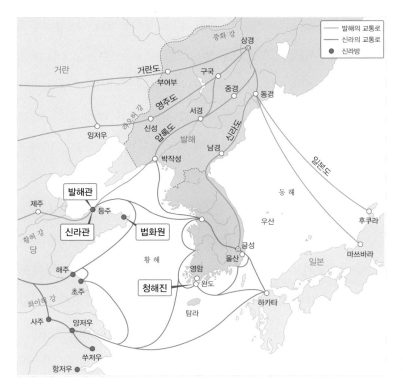

통일신라와 발해의 무역로

✦ 장보고, 동아시아 해상 무역을 주도하다

장보고는 우리에게 통일신라 시대 완도 앞바다에 청해진을 설치하여 동아시아 해상 무역을 장악한 인물로 널리 알려져 있습니다. 그런데 우리에게 알려진 정보는 이 정도 밖에 없습니다. 사실 동북아시아에서 장보고의 존재는 무척 큽니다. 중국에서는 당唐대 최고 시인 두목杜牧이 장보고 일대기를 남겼고, 현재 산둥 반도의 법화원에는 장보고 동상이 서 있습니다. 이 정도로 중국 땅에서는 장보고를 기념하고 있지요. 일본도 예외가 아닙니다. 일본 불교 천태종을 다시 부흥시켰다고 평가받아 중흥조라고 불리는 엔닌이 《입당구법순례행기》에서 장보고가 세운 법화원의 도움을 받아 고국인 일본으로 돌아올 수 있었다고 기록하고 있습니다. 또 일본 교토의 적산선원에는 장보고 영정이 모셔져 있습니다. 우리나라에서는 청해진의 흔적조차 찾기 어려운데 중국과 일본에서는 장보고를 기념하고 있는 것입니다. 한중일 3국의 역사책에서 모두 만날 수 있는 장보고는 과연 어떤 업적을 남겼는지 구체적으로 알아보기로 하지요.

《삼국유사》에 따르면 장보고는 신분이 높지 않았습니다. 전라도 해안 어딘가에서 태어난 그는 어린 시절부터 무예가 뛰어났지요. 청년이 되어서는 당으로 건너가 군인이 되어 중간 계급까지 올라갔습니다. 그는 많은 신라인들이 해적들에게 붙잡혀 노예로 매매되는 현실을 목격하고 신라로 돌아온 뒤 왕에게 간청하였습니다. 자신에게 청해진을 설치하여 운영하게 해주면 신라인들을 지키겠다는 것이었지요.

흥덕왕은 장보고를 청해진 대사로 삼아 1만 명의 군사를 주었습니다. 군대를 구성한 장보고는 완도 일대에 청해진을 설치했습니다. 그는 먼저 해적으로 들끓던 황해 일대를 장악하여 산둥 반도와 청해진, 일본까지 연결하는 무역망을 구축하였고, 이를 통해 부를 축적해 나갔습니다. 이렇듯 장보고가 청해진을 중심으로 해상의 질서를 잡은 가운데 동아시아 무역 체계는 순조롭게 자리를 잡았고 상인, 유학생, 스님 등 수많은 사람들이 안전하게 동아시아 삼국을

드나들 수 있었습니다.

장보고가 구축한 청해진 체계에는 절도 들어있습니다. 앞서 잠깐 소개한 법화원이 그것입니다. 신라 사찰인 법화원은 청해진 체계의 가장 북서쪽인 산둥 반도 적산포에 자리했는데 신라 사람들은 이곳을 찾아 타국에서의 외로움을 달래고 마음의 평화를 기원했지요. 동아시아 삼국의 공통 바다였던 황해부터 남해까지가 장보고의 지휘 아래 질서를 유지하게 되자 당연히 불법佛法을 구하러 가는 신라와 일본 스님들의 대당 유학길도 안전했을 것이고, 불교를 중심으로 한 한중일 삼국의 문화 교류도 더욱 늘어났습니다.

하지만 장보고의 말년은 비참했습니다. 그는 중앙 정치에 참여하여 신무왕을 왕으로 세우는 데 공을 세웠으나, 정치권력 싸움에 휘말리며 비운의 죽음을 맞이했지요. 장보고의 갑작스런 죽음에 청해진도 힘을 잃고 말았습니다. 얼마 가지 않아 무너지기 시작한 것입니다. 그러나 장보고로부터 시작된 지방 세력의 부흥은 얼마간의 시간이 지난 뒤 지방 세력인 호족으로 역사에 다시 등장합니다. 그리고 그들은 신라 사회의 골품제도와 불평등 체제를 무너뜨리기 위하여 세력을 규합하기 시작하였습니다. 당나라 유학생의 상당수를 차지했던 6두품, 새로운 불교 사상을 지향했던 선종 승려들의 참여 속에 새로운 세상을 꿈꾸는 움직임이 통일신라를 크게 흔들게 됩니다.

✺ 혜초, 천축국과 실크로드를 기행하다

"말목 자른 김유신 통일 문무왕 원효 대사 해골물 혜초 천축국 바다의 왕자 장보고 발해 대조영……." 〈한국을 빛낸 100명의 위인들〉이라는 노래 2절에는 이런 대목이 나옵니다. 원효와 장보고를 살펴봤으니 이제 혜초 스님을 만나야겠습니다. 혜초 스님은 신라가 삼국을 통일한 이후인 704년에 태어났지요.

어린 나이로 당에 갔는데 그곳에서 다시 바닷길을 통해 인도까지 여행합니다. 인도에서는 여러 불교 성지를 순례하고 다섯[五] 천축국天竺國을 거쳐 당으로 돌아왔습니다. 여기서 천축국天竺國이란 인도를 말합니다. 그는 인도를 여행하고 《왕오천축국전往五天竺國傳》이라는 기행문을 남겼습니다. 1908년 프랑스 학자인 펠리오(P. Pelliot)

가 둔황 석굴에서 이 여행기 일부를 발견하였고, 기록의 전부는 남아 있지 않으나, 남아 있는 기록을 살펴보면 총 227행의 내용을 담고 있습니다.

혜초의 서역기행 경로

《왕오천축국전》은 인도의 여러 나라와 주변국에 대해 직접 본 내용과 전해들은 내용으로 나누어 객관적으로 적은 기록으로 유명합니다. 이 기행문에는 인도뿐만 아니라 지금의 아프가니스탄을 넘어 신라인 최초로 이슬람 문화권인 대식국까지 다녀왔음을 밝히고 있어서 매우 흥미롭습니다.

"하나님(알라)을 믿고 부처를 모르며, 왕부터 백성에 이르기까지 의복이 한 가지 종류다. 음식을 먹을 때 귀천을 따지지 않고 공동으로 한 그릇에서 먹는다. 그들의 예법에 무릎 꿇고 절하는 법이 없다." 이슬람 국가를 여행하면서 보고 들은 내용을 매우 구체적이고 사실적으로 기록하고 있습니다. 혜초 스님은 이후 고국 신라로 돌아오지 않고 787년 당에서 입적합니다. 열다섯살 어린 나이에 당으로 건너가 치열하게 수행하고, 다시 그곳에서 인도를 여행한 뒤에는 신라가 아닌 중국에서 여생을 보낸 혜초 스님은 중국 정통 밀교의 맥을 이은 고승으로 자리매김하였습니다.

둔황 석굴
중국의 3대 석굴 가운데 하나입니다.

대식국
이슬람제국을 의미하는데, 650년 이후 아랍의 군대가 중국 서부로 영토를 급속히 확장하자, 이를 중국인들이 '영토의 탐욕자'라는 모멸감 섞인 표현으로 사용했다고 전해집니다. 원나라 때는 회회국이라고 불렸습니다.

입적(入寂)
열반에 들어간다는 의미로 승려의 죽음을 높여 부르는 말입니다.

당시에는 이렇게 불법을 구하기 위해 인도로 직접 가는 스님들이 제법 있었습니다. 또 이들 중 일부는 혜초 스님처럼 신라로 돌아오지 않고 중국에 머물면서 불경을 한역漢譯하거나 중국 불교계에서 고승으로 남기도 하였습니다. 수많은 스님들이 국경을 넘어 부처님의 가르침을 구하고 불교를 더욱 깊이 이해하는 데 필요한 불경을 얻고자 기울였던 수많은 노력들은 고대 동아시아 세계의 문화를 더욱 풍부하게 만들어 주었습니다. 고대 동아시아 세계를 넘어 아시아 전역에 이르는 공간에서 불교는 문화 교류의 중심에 있었음을 알 수 있습니다.

더 알아보기

당나라에 만들어졌던 신라원의 역할은 무엇이었을까요?

당나라에서 신라인이 집단 거주하던 곳을 신라방이라고 합니다. 신라방 인근에는 신라인들의 신앙생활을 책임졌던 신라원이 위치해 있었습니다. 신라원은 단순한 종교 시설이 아니었습니다. 신라원에서 신라인들은 함께 어우러지며 고향에 대한 그리움을 달랬습니다.

장보고의 청해진 설치가 동아시아의 교류사에 미친 영향은 무엇이었나요?

장보고는 완도 앞바다에 청해진을 설치하여 동아시아 해상 무역을 장악하였습니다. 중국에서 일본까지 그의 영향을 안 받은 곳이 없었습니다. 산둥 반도의 적산에 세워진 법화원에는 지금도 장보고의 동상이 서 있으며 교토의 적산선원에는 장보고의 영정이 모셔져 있다고 합니다. 그가 안전하게 만들었던 동아시아 해상 무역 루트로 인해 인적, 물적 교류가 활발해지기도 했습니다. 일본의 승려 엔닌은 중국에서 구법을 마친 뒤 장보고의 도움으로 본국까지 무사히 돌아갈 수 있었습니다.

12. 통일신라의 불교

통일신라, 불국토를 구현하다

불국사와 석굴암의 불상

위의 두 사진은 대한민국을 대표하는 불국사와 석굴암 부처님입니다. 이들 유적은 유네스코에서 지정한 세계문화유산이지요. 이들 이외에도 경주 남산 등 경주 전역 역시 유네스코 세계문화유산입니다. 신라 사람들은 그들의 땅 경주를 부처님 나라로 건설했는데 그 이유는 무엇일까요?

✿ 불국사, 김대성에 의해 중창불사가 이루어지다

경주가 사람들에게 유명한 이유는 불국사와 석굴암이 있기 때문입니다. 특히 불국사에는 다보탑과 석가탑이 마치 쌍둥이처럼 세워져 있어 많은 사람들의 발길을 불러모읍니다. 다보탑은 10원짜리 동전 뒷면에 새겨진 탑으로 유명합니다.

불국사는 언제 세워졌을까요? 법흥왕이 528년에 불국사를 창건하였다는 기록이 있지만 다른 시기를 주장하는 설도 있어 단정할 수는 없습니다. 우리가 보는 오늘날의 불국사는 통일신라 시대 경덕왕 10년(751)에 김대성이 대규모의 중창불사로 만든 것이라고 보아야 할 것입니다. 우리에게 너무나 익숙한 석가탑, 다보탑 등도 이때 만들어졌다고 합니다. 《삼국유사》에서는 불교의 윤회설에 따라 김대성이 개인적으로 전생의 부모를 위해 석굴암을, 현생의 부모를

불국사의 석가탑과 다보탑

위해 불국사를 지었다고 합니다. 하지만 이보다는 경주를 불국토로 만들어 가는 하나의 과정이었을 것으로 추측됩니다. 불국사의 불국佛國이라는 말이 바로 부처님의 나라임을 보여주는 것입니다.

현재 불국사의 건물 배치를 보면 중앙에 대웅전이 위치하고 있지요. 그 주인이 석가모니 부처님(석가여래)임을 말해줍니다. 대웅전 앞에 좌우로 석가탑과 다보탑이 위치해 있습니다. 석가탑의 정식 명칭은 불국사 3층석탑으로 우리나라 석탑의 전형으로 이름이 높습니다. 또한 탑의 그림자가 비치지 않아 '무영탑無影塔'이라는 별칭도 가지고 있습니다. 석가탑이 이름 그대로 석가모니 부처님을 모신 탑이라면 다보탑은 다보 부처님(다보여래)의 사리를 모셔 세운 탑입니다. 불교에는 부처님들이 아주 많이 등장해서 사람들을 헷갈리게 하지요? 진리 그 자체를 부처님이라고 부르기도 하고, 누구나 깨달으면 부처가 될 수 있다는 대승불교의 사상 때문입니다. 석가탑이 석탑의 정형이라면 그 짝꿍인 다보탑은 석탑의 정형을 벗어난 이형탑異形塔입니다. 이처럼 불국사가 1금당 2탑의 형식을 취한 이유는 현재의 부처인 석가여래가 설법하는 것을 과거의 부처인 다보여래多寶如來가 옳다고 증명한다는《법화경法華經》의 내용을 따른 것이라고 합니다.

한편 석가탑의 보수 과정에서 놀랄만한 물건 두 개가 세상에 나왔습니다. 하나는 사리병이었고 또 다른 하나는 두루마리 종이였습니다. 특히 이 두루마리가 바로 국보 제126호로 지정된《무구정

광대다라니경無垢淨光大陀羅尼經》이라는 대승불교의 한 경전입니다. 옛날부터 석가탑 안에 보존되어 지금에 이르게 된 것입니다. 목판 인쇄물로는 세계에서 가장 오래된 것으로 인정받고 있으며 현재 국립경주박물관에 보관되어 있습니다.

이처럼 불국사는 당시 경주가 부처님의 땅인 불국토임을, 또 경주를 수도로 삼고 있던 신라 사회가 부처님의 나라임을 잘 보여주는 문화유적이자 불교문화의 보물창고라 할 수 있습니다. 그런데 불국사에는 석가모니 부처님이 주인인 대웅전 이외에도 여러 부처님을 모신 건물이 있습니다. '지혜의 빛을 발하여 앞을 보지 못하는 캄캄한 어리석음을 쫓는다'는 뜻을 가진 비로자나부처님을 모신 비로전, 세상을 살아가기에 너무 힘든 사람들이 내지르는 소리를 듣고 그들을 구원하려고 손을 내미는 관세음보살님을 모신 관음전, 비록 이번 생에는 부처가 되지 못했지만 다음생에는 극락정토에 가서 부처가 되겠다고 맹세한 사람들을 극락으로 인도하는 아미타불을 모신 극락전이 그것입니다. 대승불교에는 이처럼 수많은 불보살님들이 있습니다. 아무리 힘들어도 절망하지 않고 소원을 세워 그에 맞는 부처님을 섬기고 기도하고 수행하면 행복하게 살 수 있으며, 나

아가 자신도 불보살님이 되어 세상을 구할 수 있음을 강조하는 대
승불교의 정신을 반영한 것입니다. 끝까지 희망을 가지게 하여 힘
든 이 세상을 부처님의 세계로 만들어 갔던 것이지요. 한편 너무 바
쁘고 힘들어 부처님을 모신 공간에 오지 못하는 이들은 자기가 있는
자리에서 '나무관세음보살南無觀世音菩薩', '나무아미타불南無阿彌陀佛'을
외기도 합니다. 그리하여 현세와 내세의 복을 빌고, 한걸음 더 나아
가 지혜로운 이가 되기를 간절히 비는 것입니다.

✸ 석굴암, 인공 석굴 사원의 진수를 보여주다

중국의 막고굴, 둔황 석굴, 윈강 석굴, 룽먼 석굴처럼 규모가 크
지는 않지만 우리나라에도 석굴암을 비롯하여 경북 군위의 아미타
여래삼존 석굴 등 여러 석굴 사원들이 있습니다. 특히 석굴암은 경
주시 토함산 중턱에 자리한 석굴로 국보 제24호로 지정되어 있습
니다. 원래 이름은 석불사石佛寺였으나 일제
강점기 이후 석굴암이라는 이름으로 자리
잡았고, 건축·종교·예술적인 가치를 인정받
아 불국사와 함께 유네스코 세계문화유산으
로 지정되어 있습니다.

석굴암은 신라의 재상 김대성이 짓기 시
작하였고, 그가 죽은 뒤에 완성되었습니다.
그리고 신라가 멸망한 뒤 오랫동안 주목을

1909년 당시의 석굴암

받지 못하고 세상 사람들의 관심 밖으로 밀려났습니다.

　세월의 흐름 속에 허물어져 가던 석굴암을 보수한 것은 일제였습니다. 일제는 1912년부터 3년간 대규모 보수공사를 하였습니다. 이때까지 조선 정부는 아름다운 문화유산인 석굴암을 방치하고 관심조차 두지 않았습니다. 일제는 자신들이 가진 최고의 기술력을 동원하여 석굴암을 복원하고 보존시키고자 노력하였습니다. 그리고 자신들을 '동양 문화의 수호자'로 선전하려고 하였습니다.

　하지만 어설픈 보수공사로 인해 습도와 온도가 맞지 않아 이끼와 곰팡이가 번식하고, 여러 조각상들이 침식되는 결과가 생겼습니다. 해방 이후 우리 정부는 1961년부터 2년간 다시 보수공사를 진행하였습니다. 이후 관람객들로 인하여 몸살을 겪은 석굴암은 현재 부처님 오신 날에만 일반인에게 내부를 공개하며 보존에 많은 노력을 기울이고 있습니다.

　석굴암에서 가장 중요한 조각은 한 가운데 고요하게 앉아 있는 본존불인 석가여래입니다. 화려한 연꽃이 조각된 자리에 앉아 있는 석가여래는 그 높이가 무려 약 3.4m나 됩니다. 이 불상이 석가모니 부처님이란 건 어떻게 아느냐고요? 바로 불상의 손 모양을 보면 알 수 있지요. 불상의 손 모양을 수인手印이라 합니다. 오른손을 무릎 아래로 내려 땅을 가리키고 있는데 이 수인이 바로 석가여래 특유의 항마촉지인降魔觸地印입니다. 악마의 항

석굴암의 석가여래상

110

복을 받기 위해 땅에 손가락을 대는 손짓이란 뜻입니다. 석가모니 부처님이 오랜 수행 끝에 보리수 아래에서 깨달음을 이루려는데, 이때 악마가 나타나서 방해하지요. 그 누가 방해해도 성불할 자격이 있음을 땅의 신이 증명하자 악마는 사라지고 이로써 보리수 아래에서 부처님이 되었음을 말해주는 손짓입니다.

석굴암에는 본존불인 석가여래를 둘러싸고 있는 십일면관음보살상과 팔부신장상, 인왕상, 사천왕상, 천부상, 보살상, 10명의 나한을 새긴 10대 제자상 등 수많은 조각들도 있습니다. 석굴암의 웅장하고 섬세한 불보살상들은 신라 땅이 부처님 나라임을 단적으로 보여주는 예입니다.

나한(羅漢)
아라한의 준말로 일체의 번뇌를 끊고 끝없는 지혜를 얻어 세상 사람들의 공양을 받는 성자를 말합니다.

☸ 경주 남산, 불상과 탑으로 뒤덮이다

경주 남산은 높지 않으나 신라에서 가장 신성한 산이었습니다. 남산 전체가 세계문화유산으로 지정되어 있을 만큼 많은 유적과 유물로 가득 차 있지요. 대부분은 불교 유적지이지만 신라의 역사를 담고 있는 곳도 많습니다. 무엇보다도 신라의 시조 박혁거세가 태어난 곳도 남산에 위치해 있습니다. 남산의 서쪽인 서남산 기슭의 나정이라는 곳이지요. 나라의 시조가 태어난 곳이니 이 사실만으로도 남산이 얼마나 성스럽게 여겨졌는지 알 수 있습니다. 이외에도 사적 제1호인 포석정지도 서남산에 위치해 있습니다. 포석정은 왕이 신하들과 술잔치를 벌이며 술잔을 띄운 물길이라 알려졌지요.

경주 남산

하지만 포석정은 나라의 안녕을 비는 기도처였음이 새롭게 밝혀졌습니다. 일제가 왜곡한 내용을 자세히 밝히지도 못한 채 지금까지 오해를 받아온 포석정. 어쩌면 우리 땅에는 이렇게 잘못 알려진 문화재가 더 있을지도 모릅니다.

자, 이제 본격적으로 경주 남산에 자리잡고 있는 불교 유적과 문화재를 만나보지요.

경주 남산의 40여 개 골짜기에는 100여 곳의 절터가 있는데 불교 유적으로 빼곡합니다. 몇 가지만 소개해볼까요. 먼저 배동 석조

포석정

여래 삼존불은 보물 제63호로 지정된 불상인데, 가운데 자리한 불
상은 극락세계의 주인인 아미타 부처님이고, 양 옆으로는 관세음
보살과 대세지보살입니다. 전체적으로 넉넉한 몸매를 지니고 있으
며 입가에는 미소를 띤 단아한 모습입니다. 바위에 7명의 부처님이
조각되어 있기 때문에 칠불암 마애석불이라 불리는 불상도 아름답
습니다. 본존좌상의 모습에서는 위엄과 자비가 넘쳐흐르고 있는데,
이 부처님의 양쪽에서 모시고 있는 두 분 보살님 중 오른손에 물병
을 들고 있는 보살은 관세음보살이고, 다른 하나의 보살은 대세지

칠불암 마애석불

보살입니다. 관세음보살이 들고 있는 물병에는 중생을 괴롭히고 있는 마음의 병을 다스리는 약이 들어 있어 정병淨瓶이라 불립니다. 삼릉 계곡에는 마애관음보살상도 위치해 있고, 마애선각육존불상과 선각여래좌상도 위치해 있습니다. 계곡을 따라 부처님이 곳곳에 배치되어 있는 것입니다. 용장사 터에는 마애여래좌상과 석불좌상이 있으며, 남산이 내려다보이는 곳에 3층석탑이 있습니다. 이외에도 신선암 마애보살상, 남산동 3층쌍탑이 남산의 이름난 불교 유적지들입니다. 지금까지도 대략 60여 구의 석불과 40여 기의 탑이 남산 전역을 뒤덮고 있습니다.

남산에는 수많은 불상이 존재하고, 각기 다른 이름을 가지고 있습니다. 불상은 재료에 따라 석불, 목조불, 금불, 금동불, 철불 등으로 나뉘며, 앉아 있으면 좌상, 서 있으면 입상이라 불립니다. 마애라는 말은 커다란 바위에 새기거나 돌벽을 깎았다는 뜻이지요. 그러니 가령 마애여래좌상이라고 하면 돌에 새기거나 돌벽을 깎아서 만든 부처님의 앉아 있는 조각을 말합니다. 이름을 살펴보면, 여래라는 표현이 있는데 진리를 깨달은 부처님의 또 다른 이름입니다. 여래 외에도 보살이라는 이름이 있는데, 보살은 부처님의 자비행을 실천하는 수행자를 가리킵니다. 자기의 번뇌를 끊어 혼자 부처가 되기 보다는 이 세상 수많은 생명체들의 괴로움을 없애주고 그들을 행복하게 해주는 것을 자신의 수행으로 삼는 이들이지요. 경주 남산의 불교 유적을 하나하나 설명하기란 이 좁은 지면으로는 불가능합니다. 주말이나 연휴, 혹은 방학 때마다 가족이나 친구와 함께 배낭을 메고 경주 남산을 차분히 둘러보기를 권합니다. 분명 부처님 나라를 여행하는 즐거움을 맛볼 수 있을 것입니다.

경주 남산은 불국사, 석굴암과 더불어 불국토의 이상을 실현하려 했던 신라인들의 마음이 느껴지는 곳이며, 부처님이 살아 숨 쉬는 땅이었습니다. 통일신라를 이루었던 신라인들은 이곳에 살고 있는 모든 사람이 욕심을 버리고 이웃을 배려하며 사는 부처님 나라가 되기를 간절히 바랐던 것입니다.

선종 승려들, 새로운 세상을 만들어 나가다

쌍봉사 철감선사 부도

위의 부도는 9세기 통일신라의 스님인 철감선사 도윤의 부도로 전남 화순군 쌍봉사에 위치해 있습니다. 그는 당에서 선종을 유학하고 돌아와 사자산문을 개척한 것으로 널리 알려져 있습니다. 그가 일생동안 추구했던 선종은 무엇이고, 신라 말기 사회에 어떠한 영향을 미쳤을까요? 또 사자산문은 무엇을 말하는 것일까요?

전라남도 화순군 쌍봉사에는 조각이 섬세하고 아름다운 부도가 한 기 있습니다. 부도란 고승의 사리나 유골을 봉안한 탑을 말하지요. 그래서 스님의 탑이라는 뜻에서 승탑이라고도 불립니다. 우리나라를 대표하는 부도로 손꼽힐 정도로 아름다운 이 부도의 주인공은 철감선사 도윤 스님이어서 쌍봉사 철감선사탑이라고도 불립니다.

철감선사 도윤 스님은 통일신라시대 인물입니다. 스님은 825년 당나라로 유학을 떠나 참선법을 전수받고 847년에 귀국하지요. 귀국한 뒤에는 금강산에 머물면서 수많은 제자들을 키워내는데 가장 뛰어난 제자로는 절중 스님이 있습니다. 도윤 스님은 이후 전라남도 화순에 자리한 쌍봉사로 옮겨가서 그곳에 머물며 참선 수행법을 사람들에게 전하고, 스님의 제자인 절중 스님은 강원도 영월의 흥녕선원興寧禪院에서 스승의 가르침을 널리 퍼뜨립니다. 이 흥녕선원이 오늘날 영월 법흥사이고, 이 절이 사자산에 자리하고 있기 때문에 사자산문을 열었다고 말합니다. '산문'이란 선종의 한 종파를 이루었다는 뜻인데, 사자산에 절을 세우고 일가를 이루었기에 사자산문이라고 합니다. 이 사자산문을 연 사람은 절중 스님이지만 스님은 자신에게 참선의 경지를 가르쳐주신 스승의 은혜에 보답하고자 사자산문의 개조開祖를 쌍봉산에 머물고 있는 철감선사 도윤 스님이라고 정했습니다.

이보다 앞서 당에 유학 갔다가 돌아온 도의 스님은 귀국한 뒤

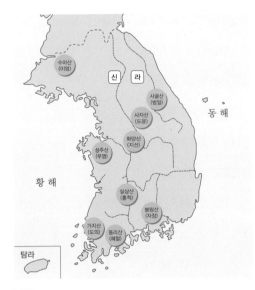

9산문

구산선문
통일신라시대 말기부터 고려
초에 이르기까지 중국에서 선
불교를 배우고 돌아온 스님들
이 아름다운 산에 선종 사찰을
열고 자신들의 수행법을 널리
퍼뜨렸는데, 모두 아홉 곳의 산
을 들고 있습니다. ①가지산문
(장흥 보림사), ②실상산문(남
원 실상사), ③동리산문(곡성
태안사), ④성주산문(보령 성주
사), ⑤사굴산문(강릉 굴산사),
⑥사자산문(영월 흥녕사), ⑦봉
림산문(창원 봉림사), ⑧수미
산문(해주 광조사), ⑨희양산문
(문경 봉암사)입니다.

에 강원도 양양에 자리한 진전사에서 수행하다가 입적했는데, 제자인 보조선사 체징 스님이 스승의 가르침을 전라남도 장흥의 가지산에 자리한 보림사에서 크게 펼칩니다. 이곳을 가지산문이라고 부르지요. 이 밖에도 일곱 개의 산문이 더 있어서 구산선문九山禪門이라고 부릅니다. 구산선문 가운데 가장 먼저 문을 연 곳은 남원 실상사의 실상산문인데, 가지산문의 경우 대한불교조계종의 종조로 추앙받는 도의국사의 제자가 연 곳이어서 그 의미가 큰 곳이라 할 수 있습니다. 이 가운데 수미산문을 제외하면 누구나 가볼 수 있는 곳에 자리하고 있어서 휴일이나 방학 때 한곳씩 둘러보는 것도 좋겠습니다.

신라시대에 당나라로 유학을 떠난 스님들은 그곳에서 어찌나 열심히 공부를 했던지 당나라의 큰스님들은 "부처님 가르침이 고스란히 신라 땅으로 전해지게 되었다"고 말할 정도였습니다. 당시 신라 불교계는 화엄경 연구가 번창했습니다. 하지만 지나치게 교리를 파고들다 보니 정작 부처님의 가르침보다는 문장 해석과 같은 것에만 치중하게 되었지요. 이런 불교 풍토를 반성하는 스님들은 당나라로 유학을 떠났고, 그곳에서 선불교를 만나 그때까지와는 전혀 다른 수행을 하게 됩니다.

118

한편 유학에서 돌아온 선승들은 화려한 경주 땅보다는 조용히 수행에 매진할 수 있는 곳을 찾았습니다. 그래서 지도에서도 볼 수 있듯이 구산선문은 당시 수도인 금성(경주)과는 멀리 떨어진 곳에 자리하고 있지요. 지방의 조용한 산사에서 참선수행을 하며 제자들을 키워내고, 찾아오는 사람들에게 부처님 가르침을 전파하게 되었는데, 이런 풍토는 지방 곳곳에서 신라 사회와 불교에 새로운 분위기를 형성해갔습니다.

❀ 호족과 새로운 길을 함께한 선종

신라 말, 거듭된 왕위 쟁탈전으로 신라 왕실의 권위는 점점 떨어졌고, 지방에 대한 중앙의 통제력은 약해져 갔습니다. 한편 지방의 호족들은 해상 무역의 발달과 군진 세력의 대두 속에 세력을 키워나갔습니다. 지방에 거주하는 백성들을 포섭하면서 골품제로 인해 중앙에서 소외되어 지방으로 내려왔던 6두품 지식인들을 관리로 맞이하였습니다.

중앙의 왕위 쟁탈전 와중에 신라 왕실의 권위가 추락하면서 불교 역시 하향세를 겪게 되었습니다. 이 시기까지만 해도 불교의 중심은 교종이었습니다. 계속된 불교 교단의 침체 속에 여러 스님들은 다시 중국으로 법을 구하러 떠났습니다. 앞에서 살펴본 도윤 스님처럼 중국에서 선을 공부한 스님들이 하나둘 신라로 돌아왔고, 이들은 백성들에게 불佛 또는 보살菩薩로 존경을 받았습니다.

한편 선종은 기본 교리는 화엄 교학에 두었지만 불립문자不立文字를 주장하며 사람들에게 문자로 쓰여진 교리에 의존하지 않는 수행 방법을 가르쳤습니다. 이와 같은 수행 방법은 기존의 교종과 여러 가지로 결을 달리하는 것이었습니다. 결국 선종이 사람들에게 가르친 것은 나의 진정한 모습을 찾기 위해 외부로부터의 모든 인연을 끊고, 자기 자신을 마주하여 치열하게 수행하는 방법을 택하라고 했던 것입니다. 또 중국의 선종을 받아들이는 데 그치지 않고 창조적으로 발전시켜 나갔습니다. 기존의 화엄 등 교학과 조화를 이루고, 사찰을 건립하여 부처님을 봉안하는 노력을 기울였던 것입니다. 그리하여 신라 불교 교단의 무게 중심은 교종에서 선종으로 옮겨갑니다.

이러한 선종의 움직임은 신라 말 지방에서 독자적인 세력을 구축해 새로운 세상을 만들고자 노력했던 호족들과 일맥상통하는 점이 있었습니다. 즉, 호족들은 지방의 산사에서 치열하게 수행하고 있는 선종의 고승들에게 정신적으로 의지하였고, 새로운 세상을 열어나갈 사상의 토대를 발견했습니다. 이후 호족 및 6두품과 결합한 선종 승려들은 통일신라 시대를 넘어 후삼국 시대에도 큰 역할을 하였으며, 고려의 개창에도 큰 역할을 하였습니다.

통일신라 말기에 새로운 시대를 개창하기 위해 모인 세 집단은 무엇인가요?

통일신라 말기 중앙의 왕위 다툼 속에서 지방에서 성장한 호족은 스스로 독자적인 세력을 구축하였습니다. 호족들은 중앙에서 소외된 6두품을 관료 집단으로 받아들여 통치 체제를 구축해 갔습니다. 이와 동시에 지방 곳곳에서 성장한 선종 승려들이 호족의 사상적 보호막이 되어줌으로써 새 시대를 열 수 있는 구색이 갖춰진 것입니다. 이렇게 성장한 호족은 후삼국 시대를 열며 6두품, 선종 승려들과 함께 새 시대를 개창하였습니다.

여기서 한 가지 의문점이 생기는데, 도윤 스님과 같은 통일신라 시대의 유명한 스님인 원효 대사와 의상 스님의 부도가 있다는 이야기를 들어보신 분은 없을 것입니다. 왜 그럴까요? 가장 큰 이유는 중국에서 선종이 들어오기 전에 우리나라에서는 승탑 또는 부도가 조성되지 않았기 때문입니다. 따라서, 선종이 전해지지 않았던 시기에 활약했던 원효 대사와 의상 스님의 부도는 만들 수 없었던 것입니다. 선종은 통일신라 하대에 중국에서 전해졌는데, 이후 선종의 영향을 받은 불교계에서는 고승을 기리기 위해 부도를 만들었고, 오늘날까지 그 전통이 이어져 오고 있습니다.

발해 사람들도 불교를 믿었다

이불병좌상

두 부처님이 서로 나란히 앉아 있는 모습이 다정해 보이는 이 사진은 '이불병좌상'입니다. 이불병좌상은 발해 유적지에서 발견된 것으로 현재 국립중앙박물관의 발해 전시실에 있습니다. 발해에서는 왜 부처님이 함께 앉아 있는 모습으로 불상이 만들어졌을까요?

✦ 남북국 시대의 발해

고구려의 장군 출신인 대조영은 고구려가 멸망한 이후 요동 지역에 살고 있었습니다. 당시 이 지역에 있던 거란은 당의 지배에 불만을 품고 반란을 일으킵니다. 이로 인해 혼란한 상황이 되자 대조영은 고구려 유민과 말갈인을 이끌고 동쪽으로 탈출합니다. 당의 추격을 물리친 대조영은 동모산에 성을 쌓고 나라를 세우니, 이 나라가 바로 발해입니다.

발해는 2대 무왕과 3대 문왕 시기에 크게 발전합니다. 무왕 때에는 고구려의 옛 땅을 대부분 회복하며 영토를 넓혔습니다. 이 과정에서 발해는 돌궐, 거란, 일본과는 친하게 지내면서 당, 신라와 맞서는 세력 판도를 형성하게 됩니다. 문왕 때에는 무왕이 이루었던 업적을 바탕으로 중앙관제와 지방 행정 조직을 정비하며 중앙집권 체제를 형성했습니다.

9세기 초 10대 선왕 이후에는 주변국으로부터 '해동성국海東盛國'이라 불리며 전성기를 맞이하게 됩니다.

발해의 최대 영역

정복 활동을 통해 영토를 더욱 확장시켰으며, 5경 15부 62주의 지방 행정 체제가 완비되었습니다. 주변국과의 교류도 활발해졌으며, 수도인 상경성도 매우 번성하였습니다.

발해는 통일신라가 후삼국으로 분열되고 당이 멸망하는 혼란한 상황에서 거란의 침략을 받게 됩니다. 그런데 내부적으로 분열되어 있었기 때문에 제대로 대처하지 못했습니다. 결국 중앙의 통제력이 약해지면서 거란에 의해 발해는 멸망하게 됩니다.

✿ 불교를 융성시킨 문왕

발해에서 불교는 고구려의 영향을 많이 받아 건국 초기부터 널리 믿어지고 있었습니다. 발해의 왕자가 당나라에 갔을 때 절에서 예배하기를 청했던 기록도 남아 있습니다. 발해에서 불교가 융성하게 된 것은 3대 문왕 때로 보입니다. 문왕 때에 조성된 상경, 중경, 동경 일대에서 절터가 집중되어 나타나기 때문입니다. 현재까지 발견된 발해 절터는 모두 40군데 정도 되는데, 이 중 상경, 중경, 동경에 있는 절터가 무려 30여 곳에 달합니다.

또한 문왕의 존호에서 불교 용어가 사용되었습니다. 존호는 왕의 덕을 기리기 위해 올린 호칭으로, 문왕의 존호는 '대흥보력금륜성법대왕大興寶曆金輪聖法大王'입니다. 이 가운데 '금륜'과 '성법'은 불교 용어입니다. '금륜'은 금륜왕의 약칭으로 전륜성왕 설화에서 유래한 것입니다. 그리고 '성법'은 올바른 진리 또는 부처님의 가르침을 의미합니다. 성법왕은 과거불인 세자재왕불을 가리키는데 역시 전륜성왕과 관계가 있다고 합니다. 즉 문왕이 전륜성왕이 되고자 했음을 알 수 있습니다. 또한 문왕의 딸인 정효공주 무덤 위에는 탑을 쌓기도 하였습니다.

과거불
석가모니 부처님 이전에 출현했던 부처님들을 말합니다.

세자재왕불(世自在王佛)
아미타 부처가 법장이라는 이름의 비구였던 시절에 그를 가르쳐준 스승 부처님입니다.

⚙ 발해의 불상

발해와 관련된 사료는 많지 않기 때문에, 발해에서 불교의 흔적을 찾기 위해서는 유물과 유적을 살펴보아야 합니다. 발해 유적지에서 발견되는 불상으로는 관음보살입상, 선정인여래좌상, 미타정인여래좌상, 이불병좌상 등이 있습니다. 그중 상경 지역에서는 관음상, 동경 지역에서는 이불병좌상이 주로 발견됩니다. 이는 지역적으로 각각 관음 신앙과 법화 신앙이 유행했었음을 보여줍니다.

관음 신앙은 관세음보살을 신앙의 대상으로 하여 현세의 고난에서 벗어나기를 바라는 믿음이라고 할 수 있습니다. 관세음보살을 관음보살이라고도 합니다. 관음보살은 부처님이 인연이 없는 자에게도 자비를 베풀 듯이 모든 중생에게 자비를 베풀어서 온갖 속박에서 벗어날 수 있게 해주는 권능의 힘을 지니고 있습니다. 모든 중생이 항상 마음속에 관음보살을 새기고 공경하면 괴로움을 떠나서 마침내는 관세음보살처럼 될 수 있습니다.

이불병좌상은 법화 신앙과 관련이 깊습니다. 《법화경》의 내용 중 한 장면을 표현한 것이기 때문입니다. 《법화경》의 〈견보탑품〉

에는 석가불의 영취산 설법과 다보불의 등장, 그리고 칠보탑 안에 나란히 앉은 모습이 설명되어 있습니다. 이불병좌상은 이 내용을 바탕으로 석가불과 다보불을 상징적으로 나란히 배치한 것입니다. 하나의 자리를 반으로 나누어 두 불상이 나란히 앉아있게 되었습니다.

견보탑품도(양산 통도사 영산전 벽화)

법화 신앙이란 무엇인가요?

법화 신앙이란 《묘법연화경》, 흔히 《법화경》이라고 부르는 불교 경전을 근본으로 삼아 발전시킨 불교 사상입니다. 《법화경》은 《화엄경》과 함께 우리나라의 불교 사상을 확립하는 데 큰 영향을 끼쳤습니다. 《법화경》은 28품으로 구성되어 있으며, 이 중 제11품이 〈견보탑품〉입니다. 〈견보탑품〉은 석가여래가 《법화경》을 이야기하고 있을 때 갑자기 땅속에서부터 큰 탑이 솟아 올랐고, 이 안에 앉아있던 다보여래가 석가여래에게 자리를 내주어 함께 있게 되었다는 내용입니다. 이는 경주 불국사의 다보탑과 석가탑이 세워지는 데에도 영향을 주었습니다.

더
알아보기

부처님과 함께 축제를 벌이자

연등

매년 4~5월 즈음이 되면 우리나라 곳곳은 색색의 연등이 달리고 축제 분위기가 만들어집니다. 서울 종로 조계사를 중심으로 절이 자리한 곳에서는 아름다운 연등이 환히 불을 밝혀 또 다른 세상을 보여줍니다. 이는 '부처님 오신 날'에 이루어지는 연등 행사입니다. 이 시기에 연등을 가지고 행진하는 모습도 장관이지요. 사람들은 왜 연등을 달까요?

⚙ 태조 왕건의 숭불 정책

왕건은 개성의 호족 출신으로 후고구려를 세운 궁예의 부하였습니다. 그는 궁예를 몰아내고 왕위에 올라 국호를 고려라 하고 도읍을 개성으로 옮깁니다. 당시는 북쪽에 발해, 남쪽에 후백제와 신라가 있던 상황이었습니다. 왕건은 거란에게 멸망한 발해 유민을 포용하고 신라의 항복을 받아들이는 한편, 후백제와의 전투에서 승리하며 후삼국을 통일합니다.

이전부터 교종과 선종을 가리지 않고 스님들과 폭넓은 친분을 이어오던 왕건은 고려를 개창한 뒤 적극적인 숭불정책을 펼쳤습니다. 혼란스러웠던 후삼국을 통일할 수 있었던 것이 부처님의 은덕이라고 여겼기 때문이요, 나아가 오랜 혼란을 수습하고 민심을 하나로 모으기 위해서는 불교가 큰 역할을 할 것이라고 믿었기 때문입니다.

재위 26년 태조 왕건은 세상을 떠나기 2개월 전에 후손들이 지켜야 할 사항을 열 가지로 정리하여 유언으로 남깁니다. 이를 〈훈요 10조〉라고 합니다. 그런데 이 중 세 항목이 불교와 관련이 있는데, 부처님의 덕을 입기 위해 절을 세울 것, 풍수지리설에 의해 지어진 절 외에는 함부로 절을 짓지 말 것, 연등회와 팔관회 등의 행사를 열 것을 당부하였습니다. 이러한 왕건의 숭불정책은 후대 왕들에게도 이어집니다. 실제로 연등회와 팔관회는 성종 때 22년 정도 중단되었던 것을 제외하고 약 500년 동안의 고려 왕조에서 국가적 불교 의

레로 지속됩니다. 태조 왕건의 유훈을 받들어 연등회와 팔관회를 비롯하여 여러 국가적인 불교 행사를 통해 왕을 비롯하여 신하와 백성 모두가 불교로 하나가 될 수 있었습니다.

〈훈요10조〉 중 불교 관련 내용

첫째, 나라의 대업은 반드시 부처의 힘을 입어야 하므로 선종과 교종의 사원을 창건하고 주지를 보내 각각 다스리도록 하되, 간신들이 승려의 청탁을 들어 각 사원을 서로 다투어 빼앗는 일이 없도록 하라.

둘째, 모든 절은 도선의 의견에 따라 국내 산천의 좋고 나쁨을 가려 창건하였다. 도선은 자신이 정한 곳 외에 함부로 절을 세우면 지덕地德을 훼손하여 나라의 운수가 오래가지 못한다고 하였다. 후세 왕들이 마음대로 창건하지 못하도록 하라.

여섯째, 나의 지극한 관심은 연등회와 팔관회에 있다. 연등회는 부처를 섬기는 것이요, 팔관회는 하늘의 신령과 오악·명산·대천·용신을 섬기는 것이니, 후세에 간신이 이를 더하거나 줄일 것을 건의하지 못하도록 하라. 이 날은 국가 기일과 상치되지 않게 하고 임금과 신하가 함께 즐기기로 맹세했으니 이대로 시행하라.

✤ 고려 시대의 연등회

연등燃燈은 등불을 밝히거나 등을 다는 행위를 말합니다. 부처님 앞에 등불을 밝히는 것은 부처님의 지혜를 기리는 행위로 꽃이나 향을 올리는 것만큼 큰 의미가 담겨 있습니다. 환하게 등불을 밝혀 캄캄한 어둠을 몰아내듯이 사람의 마음을 어지럽히는 욕심과 성냄과 어리석음을 몰아내기 위해 지혜의 등불을 밝히는 것이지요.

고려시대의 연등회는 정월 보름에 열리는 연등회와 부처님 오신 날에 열리는 연등회로 나누어 볼 수 있습니다. 음력 정월 보름에 열린 연등회는 고려 초부터 국가가 주관한 축제로, 지나치게 화려하다는 이유로 성종 때 폐지됩니다. 이후 현종 원년(1010)에 부활하는데 이때부터는 2월 15일에 열렸습니다. 연등회가 열리는 1월 15일 또는 2월 15일은 한 해의 농사가 잘 되기를 기원하는 시기였기 때문에 연등회는 한 해의 풍요로움을 비는 성격도 지니고 있습니다. 1월(또는 2월) 연등회 첫날에 왕은 봉은사에 있는 태조 진전을 참배하였습니다. 연등회는 부처님의 지혜를 기리며 깨달음을 얻기를 바라는 불교 행사이자, 왕궁이나 민가에서는 다채로운 놀이와 공연으로 떠들석하게 즐기는, 국가적인 축제의 장이었습니다.

진전(眞殿)
왕의 초상화인 어진(御眞)을 봉안하는 장소입니다.

부처님 오신 날인 4월 8일의 연등회는 사찰과 민간에서만 지내오다가 고려 중·후기로 접어들면서 궁중에서도 등을 달고 다양한 놀이를 즐기게 되었습니다. 연등회 때는 많은 사람들이 궁궐과 사찰, 마을에 모이면서 자연스럽게 교류의 장이 형성되고 축제 분위기가 만들어졌습니다. 즉 불교 의례로서의 성격이 더욱 짙어졌다고 할 수 있습니다.

현대의 연등회 모습

❀ 고려 시대의 팔관회

팔관회八關會는 팔관재계를 지키는 팔관법에서 유래했습니다. 팔관재계는 출가하지 않은 신자(재가신자)들이 날을 정해 사찰에 모여 하루 동안 지키는 8가지 계율을 뜻합니다. 팔관에서 '관'은 '금한다'는 의미로, 8가지 계율의 내용은 '살생하지 말라, 도둑질하지 말라, 음란한 행위를 하지 말라, 거짓말하지 말라, 술 마시지 말라, 화려한 장식과 유흥을 즐기지 말라, 화려하고 높은 침상을 사용하지 말라, 오후에 음식을 먹지 말라'입니다. 고려시대의 팔관회 의례 절차에서 팔관재계가 구체적으로 어떻게 시행되었는지를 확인하기는 어렵습니다. 하지만 팔관회 당시 왕사王師 등이 왕과 함께 팔관회를 관람하는 장소인 위봉루에 있었다는 기록이 남아 있어 어떤 형식으로든 불교적 행위가 있었을 것으로 짐작됩니다.

고려시대의 팔관회는 수도인 개경과 오늘날의 평양인 서경, 두 곳에서 행해졌습니다. 개경에서는 11월 15일, 서경에서는 10월 15일을 전후하여 3일간 열렸습니다. 13일에는 팔관회를 위한 사전행사가 이루어졌습니다. 14일에는 왕이 전국 각지에서 올라온 신

팔관회 재현 모습

하늘로부터 인사를 받는 의식을 행하였으며, 15일에는 외국에서 온 사절단들과 함께 준비된 공연을 즐겼습니다. 이 기간에 왕은 죄인을 풀어주고 세금을 줄여주었으며, 관직과 음식을 하사하기도 하였습니다. 팔관회가 열리는 사흘 동안 야간 통행금지는 해제되었고, 궁궐의 뜰이 개방되어 온 백성이 함께 공연을 즐겼습니다.

🏵️ 고려 시대 연등회와 팔관회의 의미

연등회와 팔관회는 고려시대에 국가가 주도한 정기적인 불교 의례였습니다. 물론 다양한 토착 신앙들과 결합하여 불교 이외의 모습도 공존하였습니다. 그러나 명칭에서 보듯이 고려시대에는 숭불 정책을 보여주는 국가 행사로서 불교 의례가 행해진 것은 분명합니다. 봄에는 연등회, 가을에는 팔관회를 행하면서 왕을 포함한 모든 백성이 참여하는 국가적인 경험을 공유하게 됩니다. 이러한 불교 의례를 통해 내적으로는 고려 사람들의 행복을 빌고, 외적으로부터 고려를 지키려는 마음을 표현하게 됩니다. 또한 정서적 공감대를 형성하여 계층 간의 통합을 꾀할 수 있습니다. 아울러 엄격한 의식을 지키면서 왕권 강화와 체제 유지를 도모하였습니다. 고려 시대의 불교는 호국 신앙으로서의 성격과 함께 제천 의식, 농경 의례 등을 포함하였습니다. 이런 다양한 요소들이 함께 어우러져 최고의 화합을 보여주는 것이 바로 연등회와 팔관회입니다.

연등을 달면 소원이 이루어지나요?

부처님 오신 날을 맞아 수많은 사람들이 등을 밝힙니다. 연등을 달고 소원을 비는 것이지요. 연등은 어두운 세계를 부처님의 지혜로 밝게 비추는 것을 상징합니다. 경건한 마음으로 등에 불을 밝히면, 세상 구석구석에 부처님의 지혜가 닿아서 언젠가 근심 걱정이 사라질 것입니다. 또한 등을 밝히는 일은 부처님의 가르침을 충실하게 따르고 깨달음을 얻겠다는 의지의 표현이기도 합니다. 이와 관련하여 '빈자일등貧者一燈'이라는 이야기가 전해집니다. 석가모니 당시 난타라는 가난한 여인이 구걸로 얻은 동전 두 닢으로 등과 기름을 사서 등불을 밝힙니다. 난타는 작은 등불이지만 정성을 담아 부처님에게 올리면서 다음 생에 깨달음을 얻을 수 있기를 기원하였습니다. 그날 밤 거센 바람이 불어 모든 등불이 꺼졌지만, 난타의 작은 등불은 꺼지지 않았습니다. 부처님은 이를 보고 "가난한 여인이 모든 것을 바쳐 밝힌 등불은 꺼지지 않을 것이다. 그 여인은 다음 생에 중생을 제도하는 부처가 될 것이다"라고 하였습니다. 부처님 오신 날, 크고 화려한 등을 밝히기보다 등불에 담긴 믿음과 결심을 떠올려 보는 것이 의미가 더 크겠습니다.

요즘도 팔관회가 열리나요?

8가지 계율을 지키며 수행을 한다는 의미의 팔관회는 대한불교조계종 포교사단과 포교원을 중심으로 2003년부터 매년 '팔재계수계실천법회'의 이름으로 열리고 있습니다. 이 법회에서 포교사들은 1일 수행을 경험하게 됩니다. 포교사란 일반불자와 스님들 사이에 위치하며 상황과 공간에 따라 여러 가지 역할을 수행할 수 있는 자질을 갖춘 재가지도자를 말합니다. '부산광역시 불교연합회'는 2000년부터 매년 고려시대 축제적 성격의 팔관회 행사를 재현하고 있습니다. 특히 근래에는 고려시대 팔관회에서 행해졌던 국왕 출궁 행렬이나 전통 무용 등을 복원하여 축제적 성격을 잘 보여주고 있습니다.

스님, 왕의 스승이 되다

·
·
·

조계산 송광사 일원

전라남도 순천에는 고즈넉한 절 송광사가 있습니다. 중고등학교 역사책에서도 본 것 같은 절이기도 합니다. 대한불교조계종 소속으로, 통도사 및 해인사와 더불어 3대 사찰로 불립니다. 이 절의 홈페이지를 보면 '승보종찰'이라고 되어 있습니다. 여기서 승보는 어떤 의미일까요?

✿ 광종의 왕권 강화 정책

태조 왕건이 죽자, 왕위 계승을 둘러싸고 외척 간의 다툼이 일어납니다. 그 뒤를 이은 혜종과 정종은 재위 기간이 각각 2년, 4년으로 짧아서 왕권은 크게 흔들립니다. 그러나 이후 왕위에 오른 광종은 아버지 왕건이 세운 고려의 기강을 바로세우고자 강력한 왕권의 중앙집권 체제를 마련합니다.

이를 위해서는 가장 먼저 지방 호족들의 세력을 약화시켜야 했습니다. 광종은 노비안검법을 실시하여 불법으로 노비가 된 자들을 양인으로 풀어주었습니다. 노비가 재산으로 취급되었던 고려시대에 이런 정책은 호족들의 재산을 감소시키는 역할을 했으며, 아울러 호족들이 노비를 군사로 이끌고 호시탐탐 왕권을 노릴 가능성도 사전에 막았습니다. 또한 양인의 노동력을 국가가 사용할 수 있어 왕권 강화에 기여하는 효과도 있었습니다.

광종은 중국에서 귀화한 쌍기雙冀의 건의를 받아들여 과거제를 시행하였습니다. 과거제 역시 호족들의 세력을 약화시키는 역할을 했습니다. 그동안 신분제를 통해 관직에 진출하던 호족 세력 대신 유교적 소양을 겸비하고 임금에게 충성할 수 있는 문신 관료를 선발할 수 있어서, 호족들의 관료적 기반을 약화시킬 수 있는 획기적인 제도였습니다. 고려시대의 과거는 크게 제술과, 명경과, 잡과로 구분되었습니다. 제술과와 명경과는 문신 관료를 선발하는 것으로, 문장 능력이나 유교 경전에 대한 지식을 시험하는 제도였고, 잡과는 전문기술을 시험하는 제도였습니다.

✾ 승려 관리를 선발하는 승과 제도

광종 9년(958) 과거제를 실시하면서 승과도 함께 실시한 것으로 보입니다. 승과란, 스님들을 대상으로 치른 과거시험입니다. 이 시험을 통과한 스님에게는 관직의 위계와 비슷한 성격의 승계를 주어 대우하였습니다. 즉 관리로서의 자격을 받은 것이지요.

여기에는 교종의 승려를 선발하는 교종선과 선종의 승려를 선발하는 선종선의 두 종류가 있었습니다. 종선宗選을 거쳐 대선大選이라는 승과 시험에 합격을 하면 대덕大德이라는 법계가 주어졌습니다. 원칙적으로는 승과에 합격한 승려들에게만 승계를 주었는데, 승과에 합격하여 대덕이 된 후, 수행 기간과 능력에 따라 다음 단계의 승계로 올라갔습니다. 그 체계는 옆의 표와 같습니다. 화엄종과 유가종의 스님들은 교종의 승계를 받았고, 조계종과 천태종의 스님들은 선종의 승계를 받았습니다.

교종과 선종의 승계표

✾ 왕사, 국사 제도

왕사王師와 국사國師는 '왕의 스승', '국가의 스승'이라는 의미와 같이 왕의 상위에 존재하는 절대적인 이미지를 가지고 있습니다. 고려시대 불교의 위상을 제대로 보여주는 제도라고 할 수 있습니다. 왕사 제도는 고려 태조 때부터 시행되었습니다. 건국 당시 숭불 정책을 취했던 태조가 스님을 우대하기 위해 실시한 것으로 보입니다. 동시에 백성들의 정신적 지도자 역할을 하는 고승을 왕사나 국사로 임명함으로써 백성들의 마음을 하나로 모으려고 한 것으로 볼 수 있습니다.

왕사는 국왕을 대신하여 불교계를 통합하는 활동을 하거나 국가를 위한 법회를 주도하기도 하였습니다. 또 왕이 필요로 할 때 자문과 조언을 하는 스승의 역할도 수행했습니다. 국사는 흔히 왕사를 거친 후 임명되는, 왕사보다 높은 존재로 여겨졌습니다. 실제로 국사는 살아있을 때의 책봉보다 죽은 이후의 추봉으로 이루어진 경우가 많았기 때문에 상징적인 역할과 기능이었다고 할 수 있겠습니다.

추봉(追封)
추존(追尊)이라고도 하며, 죽은 뒤에 존호(尊號)를 올리던 제도입니다.

✿ 불교 관련 업무를 담당하는 승록사

고려시대에는 불교 업무를 담당하는 관서인 승록사僧錄司가 존재했습니다. 이곳에서는 승려의 승적을 관리하고, 승계나 사찰 주지의 임명 등을 집행하였습니다. 또한 국사나 왕사의 책봉(추봉)과 관련된 업무, 고승이 입적하였을 때 장례 절차 및 비 건립 문제 등 불교 교단의 주요 의식이나 행사 업무를 처리하였습니다.

승록사는 좌가와 우가로 나뉘어 있었으며, 스님들이 직제에 임명되어 관직을 수행하였습니다. 좌우 양가 승록 뒤에는 도승통都僧統이 있어 이를 총괄하였습니다. 승과 제도와 승록사 제도는 불교를 진흥하려는 국가적 차원의 노력이었습니다. 이로써 스님들의 신분이 안정되고 그 위상이 높아지게 됩니다. 반면 지방분권적 생각을 가지고 있던 스님들을 중앙체제에 편입시키려는 의도가 있었던 만큼 불교는 차차 국가 체제 안에 예속되는 경향을 보이게 됩니다.

더
알아보기

송광사를 왜 승보사찰이라고 하나요?

불교에는 가장 소중한 보물 세 가지가 있습니다. 부처님(불)·가르침(법)·승가(승)의 삼보입니다. 이 삼보를 상징하는 절이 세 곳 있는데 삼보사찰이라 부릅니다. 부처님 진신사리를 모신 통도사가 불보사찰, 부처님의 가르침을 새긴 팔만대장경이 있는 해인사가 법보사찰, 그리고 고려시대부터 조선 초기까지 열여섯 분의 훌륭한 국사를 배출한 송광사가 승보사찰입니다.

17. 균여와 〈보현십원가〉

향가로 백성의 불심을 높이다

음반 〈보현십원가〉

〈보현십원가〉라는 음반 제목이 조금 낯선가요? 원래 〈보현십원가〉는 균여가 지은 향
가입니다. 향가는 신라시대부터 고려 전기까지 만들어진 우리 고유의 시가(노래)를 말
합니다. 균여는 왜 〈보현십원가〉라는 향가를 지어 불렀을까요?

강력한 중앙집권 체제를 마련하기 위해 노력한 광종은 불교계의 정비 작업도 추진하였습니다. 앞에서 살펴보았던 승과제와 승직, 승계제도 이외에도 불교교단 체제를 통합하고자 합니다.

불교계는 크게 교종과 선종 두 분파로 나누어집니다. 교종의 한 분파인 화엄종은 신라 시대에 중심적인 역할을 하였습니다. 선종은 이러한 교종의 위세에 눌려 있다가 신라 말 호족들의 후원으로 각 지방에 선종 사원이 지어지면서 세력을 키웁니다. 선종은 지방 문화 발달에 영향을 미쳤으며, 호족과 밀접한 관계를 가지면서 고려 왕조 개창에 큰 영향을 끼치게 되었습니다.

태조 왕건은 선종을 포함한 다양한 종파의 스님들과 친분을 쌓으면서 불교계와 우호적인 관계를 맺고 있었습니다. 그러나 강한 왕권 아래 중앙집권적인 국가를 만들고자 했던 광종은 지방분권적 경향을 띠고 있던 선종을 경계하게 됩니다. 물론 선종과 관계를 끊을 수는 없지만, 국가적으로 교종에 대한 지원을 확대하여 앞으로 불교가 교종을 중심으로 통합되기를 기대했던 것 같습니다. 따라서 교종 중에서 화엄종을 중심으로 불교계 통합을 시도하였는데 이를 이끌었던 스님이 균여입니다.

✿ 균여의 화엄종

균여 스님은 후삼국의 경쟁이 치열했던 923년(태조 6)에 황주에서 태어났습니다. 어려서부터 아버지가 읽어주는 《화엄경》을 들으며 지냈다고 합니다. 15세 때 부흥사의 식현 화상을 찾아가 출가하고, 이후 영통사로 옮겨 의순 스님의 가르침을 받으면서 신라 화엄에 대해 깊이 공부하게 됩니다.

균여 스님이 광종과 인연을 맺게 된 것은 953년(광종 4)입니다. 중국에서 광종을 책봉하기 위한 사신이 왔는데, 비가 와서 책봉 의식을 거행하지 못하고 있었습니다. 이때 균여 스님의 주도로 날이 맑기를 기원하는 기청법회가 올려졌고 날이 맑아져 책봉 의식을 마칠 수 있게 되었습니다. 그 후 958년(광종 9) 광종이 돌아가신 어머니를 위해 지은 불일사에 벼락이 떨어지자 균여 스님에게 재앙을 쫓기 위한 기양법회를 열도록 합니다. 중요한 시점에 기도의 힘을 보여준 균여 스님은 이후 궁궐 안에 있는 불당인 내도량에 머무르게 되었습니다.

광종의 후원을 받게 된 균여 스님은 화엄학에 대한 자신의 생각을 강의를 통해 널리 알리기 시작합니다. 그리고 화엄학을 대표하는 10종의 책에 대해 각기 강의록 또는 해설서를 남겼습니다. 이들 책은 화엄교학의 중요한 내용을 망라한 것으로, 이 모든 것을 해설할 수 있는 사람은 균여 스님뿐이었습니다. 화엄학에 대한 균여 스님의 견해는 정설로 받아들여져서 승과의 기준이 되기도 하였습니다.

균여 사상의 핵심은 '성상융회性相融會'라고 할 수 있습니다. 성상융회란 성性과 상相을 사이좋게 화해시킨다는 뜻입니다. '성'은 화엄종의 사상을, '상'은 유식종의 사상을 가리키는 말입니다. 균여 스님이 살던 시대는 통일신라와 후삼국시대를 거쳐오면서 선종의 흐름과,《화엄경》을 중요하게 여기는 화엄종과, 유식의 사상을 중요하게 여기는 유식종 등으로 불교계가 나뉘어 있었습니다. 이런 분열을 지양하기 위해 균여 스님은 교종이라는 큰 틀 안에서 화엄사상과 유식사상을 융합하여 교파 간의 대립을 해소하기 위한 통합사상으로 성상융회를 주장했던 것이지요. 광종은 화엄종 사찰로 귀법사를 창건하여 균여 스님을 초대 주지로 삼고, 민심 통합과 왕권 강화를 꾀하기도 하였습니다.

유가종 유가종은 유식학을 사상적 기반으로 하는 종파입니다. 유식학은 우리가 경험하는 이 세계는 단지 표상에 지나지 않고, 외계의 사물은 마음의 표상과 별개로 존재하는 것이 아니라고 주장합니다. 신라 때부터 성행했는데, 왕건의 후원을 받은 유가종은 개경의 불교계에 들어왔지만, 고려 초에 그 활동은 미약한 편이었습니다. 고려 7대왕 목종이 자신의 원찰로 유가종 사찰인 숭교사를 창건하면서부터 중앙에 본격적으로 진출합니다. 특히 숭교사에서 승려 생활을 했던 현종이 왕위에 오르면서 유가종은 주요 종파로 자리매김하게 됩니다.

✿ 부처님의 말씀을 쉬운 향가로

균여 스님은 심오한 화엄학 연구에만 매달리지 않고, 일반 백성의 교화에도 관심을 가졌습니다. 일반 백성들에게 부처님의 말씀이 쉽고 친근하게 전달될 수 있도록《화엄경》속에 등장하는 내용을 향가로 지어 사람들에게 널리 보급했는데, 바로 〈보현십종원

왕가〉입니다. 〈보현십종원왕가〉, 줄여서 〈보현십원가〉라 불리는 이 향가의 주제는 보현보살처럼 열 가지 다짐을 하며 살겠다는 내용입니다. 이로써 글을 모르는 일반 민중들은 어려운 한자 경전이 아닌 노래로써 《화엄경》을 접할 수 있었는데, 부처님의 지혜가 모든 사람들에게도 두루 미치기를 바랬던 균여 스님의 마음을 느낄 수 있습니다. 이 노래는 당시 크게 유행하여 담벼락에 쓰일 정도였다고 합니다. 또한 이 노래를 열심히 부른 공덕으로 의술로 고칠 수 없었던 병을 고치게 되었다는 일화도 있으며, 번역된 한시가 중국에도 소문이 나서 중국 사신이 균여를 만나기 위해 찾아갔다는 이야기도 전해집니다.

보현보살

보현보살 부처님이 되기 위해 열 가지를 꼭 실천하겠다고 다짐(願)하고, 꿋꿋하게 실천(行)하는 보살입니다. 이런 보현보살의 다짐을 보현10대원이라 부릅니다. 절에 가보면 석가모니 부처님을 중앙에 모시고 좌우로 보살님이 모셔져 있는데요, 왼편의 보살님은 지혜를 상징하는 문수보살이고, 오른편의 보살님은 다짐과 실천 즉 행원을 상징하는 보현보살입니다. 이런 보현보살은 《화엄경》 속에서 빛을 발하는데, 《화엄경》은 부처님이 되고자 마음을 낸 보살이 어떻게 살아가야 하는지를 자세하게 일러주는 경이기 때문입니다. 《화엄경》에 의하면 보현보살은 비로자나불 아래에서 보살행을 닦았던 보살들의 대표이며, 구도자들에게 부처님의 가르침이나 진리를 보여주는 사실상의 《화엄경》 설법사라고 할 수 있습니다.

보현행원품 보현보살의 행원을 기록한 책입니다. 부처님이 되기 위해서는 보현보살이 했던 것처럼 열 가지 큰 행원을 닦아야 한다고 적어 놓았습니다. 그 내용은 ① 모든 부처님께 예배·공양하고[禮敬諸佛], ② 모든 부처님을 우러러 찬탄하고[稱讚如來], ③ 모든 부처님을 널리 공양하며[廣修供養], ④ 스스로의 업장을 참회하고[懺悔業障], ⑤ 남의 공덕을 따라서 기뻐하며[隨喜功德], ⑥ 부처님이 설법해 주기를 청하고[請轉法輪], ⑦ 부처님이 이 세상에 오래 머무르기를 청하고[請佛住世], ⑧ 항상 부처님을 따라 배우고[常隨佛學], ⑨ 항상 중생들에게 순응하며[恒順衆生], ⑩ 두루 모든 것을 가지고 회향하는 것[普皆廻向]입니다.

왕의 아들, 스님이 되다

중국 항저우에 있는 혜인고려사

중국 항저우에는 '혜인고려사'라는 절이 있습니다. 고려의 왕자였던 의천이 송나라 유학 때 머물렀던 곳이기 때문에, '고려'라는 명칭이 절 이름으로 사용된 것입니다. 당시 의천은 송나라에 가서 무엇을 공부하고 왔을까요?

✸ 문벌 사회의 성립

광종의 뒤를 이은 경종과 성종 대에 고려의 중앙집권 체제는 안정권에 들어서게 됩니다. 특히 성종은 최승로의 시무 28조를 받아들여 유교를 정치 이념으로 삼고 통치 체제를 완비합니다. 중앙 관제를 2성 6부 체제로 하고, 전국에 12목을 설치하여 지방관을 파견하였습니다. 이에 따라 지방 호족들은 중앙에서 파견된 관리를 보좌하는 역할을 하게 되면서 그 세력이 더욱 약해지게 됩니다. 또한 교육기관으로 국자감을 설치하고 지방에 경학박사를 파견하여 유교 이념으로 국가를 통치하는 문치주의의 성격을 갖추게 됩니다.

중앙 집권 체제가 정비되고 과거를 통해 관직에 진출한 유학자들이 지배층을 형성하면서 고려는 문벌 사회로 탈바꿈하게 됩니다. 문벌은 주로 과거와 음서를 통해 관직에 진출하고 권력을 통해 많은 토지를 차지하면서 경제력도 키워갑니다. 그들은 자신들의 부를 이용해 절을 짓기도 합니다. 특히 죽은 이의 명복을 기원하는 절을 짓는데, 이들의 세력이 점차 불교계에 확산되면서 불교교단을 장악하게 됩니다. 순수한 신앙활동이라기보다는 자신들의 세를 과시하기 위한 불사여서 불교교단으로 사치스러운 풍토가 밀려들었습니다. 또한 문벌들과 화엄종, 유가종 등 불교 종파가 서로 연결되는 경향이 생겨났습니다. 이 때문에 문벌들의 정치적 대립이 교단 간의 종교적 대립 양상으로 나타나기도 하였습니다.

이 시기 많은 불교 사찰은 이처럼 국가와 문벌들의 후원으로

시무 28조
새로운 임금 성종이 시급히 해결해야 할 정치 개혁 방안을 28개 조항으로 나누어 설명한 상소문이며, 성종은 이를 수용하여 각종 개혁 조치를 단행하였습니다.

의천

대토지와 많은 노비를 소유하고 있었으며 지극히 호화로운 불사를 치렀습니다. 또한 사찰에서 생산된 잉여 생산물이나 노동력을 바탕으로 곡물이나 수공업품을 판매하며 상업 활동에도 적극적으로 참여하였고, 심지어 사찰에서 원院과 같은 숙박시설을 운영하기도 하였습니다. 이러한 상황이 지속되면서 불교교단은 세속화되고 종파적 분열이 나타나기도 하였습니다.

✺ 문종의 넷째 아들, 송나라로 불교 유학

고려에는 화엄종만 있었던 것은 아닙니다. 《법화경》을 바탕으로 한 천태종의 위세도 만만치 않았지요. 천태종을 설명하는데에 의천 스님을 빼놓을 수 없습니다.

의천 스님은 1055년 고려 11대 왕 문종의 넷째 아들로 태어났습니다. 열한 살에 출가하여 영통사의 화엄종 승려였던 경덕국사에게 가르침을 받았습니다. 의천 스님의 출발점이 화엄학임을 알 수 있습니다. 학문에 뛰어나 열세 살에 승통의 지위에 오르게 되었으며, 여러 스님들과 교유하며 학문의 깊이를 넓혀갔습니다. 의천 스님은 불법을 더 깊이 공부하기 위하여 송나라에 유학을 가고자 하였습니다. 그러나 당시 고려를 둘러싼 송과 거란의 외교 관계로 인해 유학은 성사되지 않았습니다. 의천 스님은 문종의 아들이었기 때문에 고려의 왕자가 송에 있는 것이 거란과의 외교 마찰을 불러

승통
불교의 스님이 가지는 관직이며 왕사나 국사가 될 수 있을 정도로 가장 높은 직급입니다.

올 수도 있었기 때문입니다.

그러나 의천 스님은 1085년 송나라로의 유학을 실행에 옮겨, 제자 두 명과 함께 산둥 지역에 이르게 됩니다. 공식적인 루트로 송에 간 것은 아니었지만, 송나라의 철종은 영접사를 보내 의천 스님을 수도 카이펑[開封]으로 오게 합니다. 그곳에서 다양한 스님들과 교류하며 불법에 대한 깊이를 더해 갔는데, 특히 중국 천태학의 중심지이기도 한 항주에서 천태학을 깊이 배우게 됩니다.

송에서 1년 여를 지낸 후 고려에 돌아가기로 한 의천 스님은 천태산을 방문합니다. 그곳에는 중국 천태종의 거점인 국청사가 있었는데 의천 스님은 이곳에서 고려에 천태종을 개창할 것을 맹세합니다. 1086년 5월, 의천 스님은 송에서 수집한 3,000여 권의 불교 서적을 가지고 고려로 돌아옵니다.

✿ 교장도감 설치

고려로 돌아온 의천 스님은 교장을 편찬하는 데 힘을 쏟습니다. 교장이란 불경에 대한 각종 연구서를 하나로 모아 놓은 것입니다.

의천 스님은 송으로 유학을 가기 전부터 교장에 대한 필요성을 자각하고 있었습니다. 귀국하면서 가지고 온 3,000여 권을 비롯하여 국내외에서 수집한 여러 문헌을 바탕으로 《신편제종교장총록新編諸宗教藏總錄》이라는 목록을 완성합니다. 여기에는 총 1,010종 4,857권의 문헌이 수록되어 있습니다. 이를 바탕으로 흥왕사에 교장도감을 설치하고 이 문헌들을 간행하기 시작합니다. 이때 간행된 책들은 송과 거란, 일본에 전해져 각 나라의 불교학 발전에 크게 기여하였습니다.

✿ 천태종의 개창

의천 스님은 1097년 국청사의 주지로 취임하면서 천태종을 개창합니다. 또한 이곳에서 스님들을 위한 천태교학 강의를 열자 많은 사람들이 불교를 공부하기 위해 모여 들었습니다. 1099년 천태종에서 자체 승선僧選을 실시하였으며, 1101년에는 국가가 주관하는 천태선이 시행됨으로써 정부로부터 공인을 받은 종파로 성립되게 됩니다.

의천 스님은 《법화경》에 나오는 회삼귀일會三歸一, 일심삼관一心三觀을 근본 사상으로 삼아 선과 교의 화합을 도모하였습니다. 회삼귀일이란 세 가지가 하나로 귀결된다는 뜻입니다. 이 세상에는 참 다양한 사람들이 있지요. 그들의 취향과 능력, 성향에 따라 부처님은 각각에 알맞도록 다양하게 법문을 베풀었습니다. 이 다양한 법문을 크게 세 가지 수레라는 뜻에서 삼승三乘이라 합니다. 사람들이 자신들의 성향에 맞는 부처님의 가르침을 듣고 수행할 수 있는 능력을 성숙시키면, 부처님은 그때에야 비로소 그 온갖 다양한 가르침도 결국은 부처가 되기 위한 오직 한 가지 길을 위한 것이었음을 밝힙니다. 이 한 가지 길이 일승 즉 한 가지 수레입니다. 《법화경》은 이렇게 모두가 부처되는 것이 유일한 목적임을 밝히는 것입니

《법화경》
미국 메트로폴리탄박물관에
소장된 판본입니다.

다. 또 일심삼관이란 일심一心에 모든 것이 갖추어져 있음을 세 가지 측면에서 관찰하는 관법觀法을 말합니다. 여기서 3관이란, 모든 현상에는 불변하는 실체가 없다고 주시하는 공관空觀, 모든 현상은 여러 인연의 일시적인 화합으로 존재한다고 주시하는 가관假觀, 공空이나 가假의 어느 한쪽에 치우치지 않는 진리를 주시하는 중관中觀을 말합니다.

의천 스님은 또한 교종인 천태종을 중심으로 선종을 포용하여 교관겸수를 추구했습니다. 의천 스님은 일심一心을 강조한 원효의 사상을 중시하면서 원효를 의상과 함께 신라 화엄종의 개창자로 높이 받들어 모셨습니다. 교종과 선종을 통합하며 당시 고려 불교의 폐단을 바로잡으려 했던 것이지요.

교관겸수
경전 공부(교)와 참선(관)을 함께 닦는 수행을 말합니다. 이 두 가지를 고루 닦아야 깨달음을 얻을 수 있으니 어느 한 가지만을 주장해서는 안 된다는 것이지요.

더 알아보기

교종과 천태종은 다른 건가요?

흔히 불교에서 깨달음을 얻기 위해 참선을 중요시하면 선종, 경전에 대한 이해를 중요시하면 교종으로 크게 나눕니다. 선종과 교종은 모두 불교이지만 깨달음을 구하는 방법에서 차이를 보이는 것입니다. 천태종은 경전의 이해를 중요시하면서 참선도 함께 강조한 불교의 한 종파라고 할 수 있습니다. 천태종에서 중요하게 생각하는 경전은 《법화경》입니다.

의천이 화폐를 만드는 것에도 관심이 있었다던데, 사실인가요?

송나라의 문물을 경험한 의천은 고려에 돌아와서 금속화폐를 사용할 것을 강력하게 주장합니다. 이미 고려에서는 철로 된 동전을 만들어 사용한 적이 있었으나 널리 유통되지 못하였습니다. 의천의 건의로 화폐 주조를 담당하는 주전도감이 설치됩니다. 이곳에서 해동통보, 삼한중보, 동국통보 등의 화폐가 만들어졌습니다.

조계종이 나아갈 바를 널리 알리다

대한불교조계종 홈페이지 화면

현재 한국 불교의 최대 종파는 조계종입니다. 대한불교조계종의 홈페이지를 보면 종단 소개란에 종조라는 항목이 있습니다. 이곳에 '중천조–보조지눌국사'라고 소개되어 있습니다. 중천조란 어떤 사람이며, 지눌은 어떻게 해서 조계종의 중천조라 불리게 되었을까요?

❀ 문벌 사회의 동요와 무신정권의 성립

12세기가 되면서 고려의 문벌 사회는 흔들리게 됩니다. 문벌이 권력과 토지를 독점하면서 이를 둘러싸고 내부 분열이 일어난 것이지요. 과거 시험을 통해 중앙에 진출한 신진 관리들은 중앙의 문벌에 대해 반감을 가지게 되었고, 일부는 왕의 측근이 되어 문벌과 대립하기도 합니다. 인종 때 일어난 이자겸의 난과 묘청의 서경 천도 운동은 문벌 사회의 동요를 보여주는 큰 사건이었습니다.

이 두 사건은 수습되었지만, 문벌 사회 안의 문제는 더욱 심각해졌습니다. 결국 문벌에 비해 차별 대우를 받고 있던 무신들의 불만이 폭발합니다. 그리하여 정중부, 이의방 등의 무신들이 정변을 일으켜 정권을 장악하였습니다. 무신들은 국정을 주도하면서 토지와 노비, 사병을 늘려 그 힘을 키워갔습니다. 무신정변으로 사회가 혼란해지자 신분제가 크게 흔들리게 됩니다. 이의민과 같이 노비 출신이 최고 권력자가 되는 모습을 보면서, 새로운 변화를 원하는 분위기 속에 농민과 천민들은 대규모 봉기를 일으키게 되지요. 무신들 사이에서도 권력 다툼이 일어나고, 최고 권력자가 여러 번 바뀌게 되는데 무신정권은 최충헌이 최고 권력을 잡으면서 60여 년간 최씨 정권을 이어 갑니다.

✿ 신앙 결사 운동

불교계에서도 변화의 바람이 일어납니다. 불교의 세속화와 타락을 비판하면서 이를 바로잡고자 하는 움직임이 나타납니다. 의천은 교관겸수를 추구하면서 교단을 통합하려 노력하였지만, 그가 죽고 난 후 교단은 다시 분열되었습니다.

무신정권기에 25세의 나이로 승과에 합격한 지눌은 보제사에서 열린 담선법회에서 '정혜라는 이름으로 결사結社하자'라고 결의를 다집니다. 하지만 여러 사정으로 결사를 시작하지 못한 지눌은 승과 합격으로 보장된 자리와 명예를 버리고, 창평(전남 담양)의 청원사에 머물면서 계속 공부하며 혼자 결사를 시작합니다. 이때 《육조단경》을 읽다가 깨달음을 얻게 됩니다.

그후 1185년 28세 때 하가산(경북 예천) 보문사로 거처를 옮기고 《화엄경》의 구절 중 '중생은 처음부터 부처님 지혜를 갖추고 있는데, 어리석은 중생들이 알지 못할 뿐이다'라는 문장에서 두 번째 깨달음을 얻게 됩니다. 지눌은 이때 대중 교화를 결심합니다.

✿ 〈권수정혜결사문〉

지눌은 1188년 31세의 나이에 대구 팔공산 거조사로 거처를 옮기고 정혜결사를 실행에 옮깁니다. 1190년 봄 '삼가 들으니 땅에 엎어진 자는 땅을 짚고 일어난다고 하였다. 땅을 떠나서는 일어날 수 없다'로 시작하는 〈권수정혜결사문勸修定慧結社文〉으로 세상에 정

정혜
참선(정)과 경전 공부(혜)의 이 두 가지를 함께 닦아야 수행을 완성할 수 있다는 뜻입니다.

결사(結社)
여러 사람이 공동의 목적을 이루기 위해 단체를 만드는 것입니다.

혜결사의 뜻을 알립니다. 이 문장은 마음을 떠나서 부처를 구하는 것은 불가능하다는 것을 알리기 위한 비유적 표현이라고 할 수 있습니다. 지눌은 이를 통해 전국의 출가자들은 물론 재가수행자들의 동참을 권합니다.

지눌

〈권수정혜결사문〉을 발표하고 7~8년 정도가 지나자 결사에 동참하는 사람이 너무 많아서 거조사가 감당할 수 없게 됩니다. 더 많은 인원과 함께할 수 있는 장소가 필요해졌고, 지눌은 송광산 길상사로 옮기기로 결정합니다. 그런데 당시 길상사는 많은 인원이 수행하기에 적합한 환경이 되지 못해서 지눌은 제자를 보내 결사에 적합한 도량으로 가꾸도록 지시합니다.

1198년 지눌은 절이 지어지는 동안 지리산의 상무주암에 머물면서 참선에 몰두합니다. 이 때 《대혜어록》을 읽다가 더 이상 번뇌가 일어나지 않는 최종의 깨달음을 얻게 됩니다. 마음의 장애가 완전히 사라진 걸림없는 해탈을 이룬 것입니다.

1200년 지눌은 중창불사가 한창인 송광산 길상사로 거처를 옮깁니다. 마침내 1205년 중창 불사를 마무리하자 고려 왕실에서 송광산 길상사를 조계산 수선사修禪社로 이름을 고치고 사액을 내려줍니다. 이후 이곳 수선사를 중심으로 결사 운동이 지속됩니다.

사액(賜額)
임금이 절이나 서원에 이름을 내려주는 것을 말합니다.

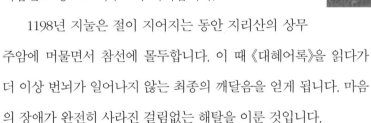

☸ 조계종의 중천조 지눌

지눌은 조계종 종단이 추구하는 뜻을 분명하게 밝힌 스님으로 대한불교조계종의 중천조重闡祖로 추앙받고 있습니다. 신라 말, 당나라로 건너가 선을 공부한 스님들이 속속 귀국하여 선 수행의 풍토를 크게 일으킨 것이 구산선문입니다. 특히 도의 스님은 당나라에서 37년 동안 참선 수행을 한 후 귀국해서 설악산 진전사에 머물며 제자를 길렀는데, 이것이 현재 대한불교조계종의 근원이 되는 가지산문이지요. 도의 스님으로 인해 한국선과 조계종이 뿌리를 내렸기 때문에 도의 스님을 종조로 모십니다. 지눌 스님은 이 전통을 계승하여 선종 중심으로 교종까지 포용했을 뿐만 아니라 중국의 대혜종고 스님의 간화선을 수용해 소개하는 등 조계종의 선풍을 정착시키면서 조계종을 다시 한 번 크게 일으킵니다. 그래서 지눌 스님을 중천조라고 부르는 것이지요.

다시 정리하면, 화두를 들고 깨달음을 구하는 간화선법과 돈오점수를 중시하는 선종을 바탕으로 교종까지 아우르는 회통 이론, 그리고 참선과 경전 공부를 똑같이 소중하게 여기며 수행하는 정혜

간화선(看話禪)
불교에서의 선 수행 방법 중 화두를 근거로 수행하는 방법입니다.

돈오점수(頓悟漸修)
참선 등을 통하여 문득 깨달음에 이르고 이후 꾸준한 수행을 계속해야 진정한 해탈의 경지에 이를 수 있다는 수행법 이론입니다. 지눌의 이런 입장과 달리, 꾸준한 수행이 먼저 있어야 문득 깨달음의 경지에 이를 수 있다고 주장하기도 합니다.

회통(會通)
서로 어긋나는 주장이나 뜻을 해석하여 조화를 이루는 것입니다.

도의국사 다례제 장면
조계종 중천조인 도의국사께
조계사에서 스님들이 다례를
올리는 모습입니다.

쌍수의 결사 실천 모습이 지눌 선 사상의 특징입니다.

스님의 법명은 지눌이었지만, 스스로를 '소를 치는 사람(목우
자)'이라 부르기를 즐겨 했습니다. 지눌은 입적 후 희종으로부터 불
일보조국사라는 시호를 받습니다. '불일보조'는 부처님의 지혜가
중생의 캄캄한 어리석음을 없애주는 것이 태양과 같으니, 지눌 스
님이 바로 그런 부처님의 해처럼 세상을 두루 환히 비추는 나라의
스승이란 뜻입니다.

부처님의 힘으로 외침을 막아내다

해인사에 보관되어 있는 팔만대장경판

해인사에 가면 장경판전에 팔만대장경판이 보존되어 있습니다. 유네스코 세계문화유산으로도 지정되어 더욱 유명해진 '팔만대장경'에 대해서는 누구나 한 번쯤 들어봤을 것입니다. 그렇다면 팔만대장경이 만들어진 시대는 언제일까요? 그리고 왜 만들어지게 되었을까요?

✽ 몽골의 침략과 고려의 대몽 항쟁

13세기에 이르러 세력이 강해진 몽골은 거란을 물리친 후 고려에 공물을 요구하기 시작합니다. 이후 몽골 사신이 고려를 방문한 후 귀국하는 길에 의문의 죽음을 당한 것을 구실로 몽골은 고려를 침략합니다.

당시 고려의 권력을 잡고 있던 최씨 무신정권은 강화도로 수도를 옮기고 몽골의 침략에 대비합니다. 몽골은 여러 차례 고려를 침략하였고, 고려는 이에 맞서 적극적으로 항전합니다. 일반 백성이나 천민들도 적극적으로 대몽 항쟁에 참여했을 뿐만 아니라 부처님의 힘으로 몽골군을 물리치기 위해 팔만대장경을 만들기까지 합니다.

그러나 몽골을 막기에는 역부족이었습니다. 국토는 황폐해지고 백성들의 생활이 더욱 힘들어지자 고려 정부에서는 몽골과 강화하자는 의견이 나옵니다. 마침내 최씨 무신정권이 무너지면서 전쟁은 끝이 납니다. 대몽 항쟁에 적극적이었던 삼별초는 몽골과의 강화에 적극 반대하며 진도와 제주도로 근거지를 옮겨가며 끝까지 몽골에 대항합니다.

✽ 초조대장경의 제작

대장경이란 부처님의 말씀이나 가르침을 모아 놓은 것입니다. 다시 말해 부처님의 설법[경經], 부처님이 정한 교단의 규칙[율律], 그리고 경과 율을 체계적으로 연구하여 해석한 논술[론論]을 모두

모은 것입니다. 시대에 따라서는 대장경을 삼장三藏 또는 일체경으로 부르기도 했습니다.

불심이 강했던 고려는 외세의 침략을 받으면 부처님의 힘에 의지했습니다. 고려시대에는 두 차례 대장경을 만드는데, 그 첫번째는 1010년 현종 1년에 거란이 침입했을 때입니다. 현종은 나주로 피신해가면서 대장경 판목을 만들기 시작합니다. 이 작업은 40여 년에 걸친 끝에 문종 시기에 완성되는데 처음으로 만들어진 대장경이란 뜻에서 '초조'대장경이라 불립니다. 《동국이상국집》에서는 대장경 조판으로 거란이 물러갔다고 기록하고 있는데 이는 부처님의 가르침을 받들어 민심을 하나로 모으고, 외적으로부터 국가를 보호하겠다는 신앙심이 발현된 것이라 하겠습니다.

그러나 초조대장경은 이후 무신정권 시절 몽골의 침입으로 불에 타 없어지고 현재는 인쇄본만이 부분적으로 전해지고 있습니다.

✹ 팔만대장경

그런데 경상남도 합천 해인사에는 장경판전이라는 건물에 대장경이 들어 있습니다. 초조대장경은 이미 불에 타 사라졌는데 지금 이곳에 모셔져 있는 대장경은 대체 언제 만들어진 것일까요? 바로 몽골의 침입으로 나라의 운명이 위기에 처한 고종 23년(1236)에 시작해서 16년에 걸쳐 만든 대장경이랍니다. 두 번째로 만들어졌다고 해서 '재조'대장경이라 불리고, 목판 수가 8만여 장에 달하기 때문에 '팔만대장경'이라고도 불리지요. 팔만대장경에는 모두 1,496종 6,568권(639함)의 불경이 포함되었는데, 고려 전기의 대장경에 비하여 500여 권 이상이 늘어난 것입니다. 대장경 판은 총 81,258매이며 하나의 경판 양면에 경전을 새겼으므로 인쇄된 대장경의 분량은 총 16만 쪽을 넘습니다.

대장경판을 인경하는 스님들

국난을 극복하기 위한 이 막중한 불사를 책임지고 도맡아서 이끌 적임자는 충남 논산 개태사의 주지인 수기 스님이었습니다. 승통이라는 승직을 맡고 있었던 수기 스님은 송나라와 거란의 대장경은 물론이요, 앞서 만들어진 초조대장경을 일일이 비교하고, 또 경전들을 참고하여 빠진 글자나 틀린 글자가 없도록 확인 과정을 거쳤습니다. 팔만대장경은 서체의 아름다움은 물론이요, 오탈자가 거의 없는 정확하고 완벽한 내용으로, 이후 일본이나 중국·대만에서 만들어지는 대장경은 모두 고려의 팔만대장경을 저본으로 하고 있을 정도입니다.

또한 현존하는 대장경판 중 그 모습이 가장 온전하고 정확하여 유네스코 세계기록유산으로, 대장경판을 보관하고 있는 건물인 장경판전은 유네스코 세계문화유산으로 등록되어 있습니다.

❂ 대장도감

대장경판을 다시 제작하기 위해서는 이 일을 전담하는 기구가 필요했습니다. 고종은 1236년 강화도에 대장도감을 설치해서 판각

사업을 주관하게 합니다. 또한 대장도감 분사를 경상남도 남해에 두어 불사를 분담하게 합니다.

남해는 대장경판의 재료가 되는 목재를 조달하기에 유리한 지역이었을 뿐만 아니라 몽골의 침략에서도 지리적으로 떨어져 있어 판각 작업을 하기가 좋았습니다. 또한 당시 집권자였던 최우의 경제적 기반이 있던 곳으로 경비를 조달하는 데에도 유리하였습니다.

더 알아보기

해인사에 팔만대장경판이 보관되어 있는 이유는 무엇인가요?

해인사에는 본래 고려의 실록 등을 보관하는 사고史庫가 있었다고 합니다. 조선이 세워진 이후 《고려사》 편찬을 위해 《고려왕조실록》이 옮겨지면서 해인사의 사고가 비게 됩니다. 이곳에 강화도에 있던 팔만대장경판을 옮겨 보관하게 됩니다. 대장경판을 보관하고 있는 해인사는 3보사찰 중 하나인 법보사찰로 불립니다.

팔만대장경판을 실제로 찍은 책이 있나요?

목판에 먹을 묻히고 한지로 찍어내는 작업을 인경印經이라고 합니다. 팔만대장경판 역시 찍어내서 책으로 만들어야 경전을 읽을 수 있습니다. 팔만대장경판에 대한 인경이 마지막으로 이루어진 것은 1963년부터 1968년이라고 합니다. 당시 문화공보부의 허가를 받아 총 13질을 인경하여 국내에는 동국대학교를 비롯하여 4질, 일본에 4질, 영국에 2질, 미국, 오스트레일리아, 타이완에 각각 1질씩을 보냈습니다. 이후 동국대학교는 팔만대장경의 보존과 보급을 위해 1963년부터 1973년까지 영인 축소판을 간행하여 총 48권(목록 1권 포함)으로 완성하였고, 《고려대장경》이라는 이름으로 출판하여 세계 각 나라의 유명 도서관에 보내 널리 알렸습니다.

스님이 《삼국유사》를 쓴 이유

인각사에 있는 보각국사 탑

삼국시대의 역사를 공부하려면 《삼국사기》와 더불어 《삼국유사》도 꼭 읽어보아야 합니다. 《삼국유사》는 일연 스님이 지었습니다. 경상북도 군위군에 있는 인각사는 보각국사 일연이 입적하신 곳으로, 스님의 생애관이 있습니다. 그런데 스님이 역사책을 쓴 이유는 무엇일까요?

❀ 원의 간섭을 받는 고려

고려는 몽골과 강화를 하고 개경으로 환도하면서 원元의 간섭을 받게 됩니다. 고려 왕은 원 왕실의 공주와 결혼을 하게 되어 원의 부마국 위치에 놓이게 됩니다. 왕실의 호칭은 부마국의 지위에 맞게 낮아졌으며, 관청의 호칭 역시 원나라보다 낮은 표현으로 바뀌게 됩니다. 왕이 죽은 뒤에 붙이는 이름은 '충○왕'으로 정해지는데 원나라에 충성했다는 의미가 들어있습니다.

또한 원은 고려의 정치에 간섭하기 위해 다루가치라는 관리를 둡니다. 금·은·인삼·매 등 고려의 특산물과 처녀까지도 공물로 요구했으며, 영토까지도 빼앗아 갑니다. 일본 원정에 나서기 위해 고려의 물자와 인력을 동원하는 정동행성을 고려에 설치합니다. 원나라의 이런 간섭은 약 80년 동안 이어지고, 고려는 자주성을 크게 잃고 맙니다.

이러한 시기에 새로운 지배층이 등장합니다. 이들은 고려 전기부터 그 세력을 유지해 온 가문이거나 원의 세력을 등에 업고 권문세족이 된 친원적 성향의 가문들로, 예를 들어 원에 끌려 갔다가 황후가 된 기황후의 오빠 기철 등의 세력이 대표적입니다.

❀ 원 간섭기를 살아간 일연

일연一然 스님은 무신 정권기인 1206년에 태어나 아홉 살에 무량사에서 공부하고 열네 살에 진전사로 출가하여 구족계를 받습니

부마(駙馬)
임금의 사위로 공주의 남편을 이르는 말입니다.

다루가치
고려 등 정복지에 파견되었던 몽골 관직의 하나입니다. 다루가치는 '진압한다'는 뜻의 daru에 명사 어미 gha와 사람을 가리키는 chi를 붙여서 만든 명칭입니다.

162

군위 인각사

다. 스물두 살에는 승과에 응시하여 장원을 하고 수년 동안 참선에 몰두합니다.

1249년 남해의 정림사에 머물 때에는 분사대장도감에서 중요 전적을 판각하는 팔만대장경 작업에도 동참했습니다. 원래 일연은 교학에 대한 이해도 깊었지만 운문사에 살면서는 참선 수행의 기운 을 크게 일으키기도 합니다.

1283년에는 국존國尊으로 책봉받고 원경충조라는 법호를 받습 니다. 그 뒤 어머니를 모시기 위해 고향으로 돌아갔으며, 어머니가 돌아가시자 군위 인각사에 머물렀습니다. 이때 두 차례나 구산문도 회를 열어 당시의 선문을 통합하려 노력한 것으로 보입니다. 이후 인각사에서 1289년 입적합니다.

❀ 《삼국유사》

일연 스님이 70세를 넘어 집필하기 시작한 것으로 알려진 《삼국유사》는 1281년(충렬왕 7)경에 편찬된 것으로 여겨집니다. 그러나 청년 시절에 이미 오랜 기간 자료를 수집하고 답사까지 한 것으로 보입니다. '유사遺事'라는 제목은 '예로부터 전해져 오는 일'을 뜻합니다. 즉 앞서 만들어진 《삼국사기》에는 없는 내용을 다루어 적겠다는 의미가 반영된 것입니다.

역사를 서술하는 방식에 있어서 《삼국사기》는 유교적 합리성을 강조하며 중국 중심의 사고가 반영되어 있습니다. 따라서 중요한 역사적 사실을 소홀히 다룰 수 있는 여지가 있습니다. 특히 의식적인 측면이나 제도적인 측면에서 큰 비중을 차지하는 불교를 소홀히 다루고 있습니다.

《삼국유사》는 〈왕력〉, 〈기이〉, 〈흥법〉, 〈탑상〉, 〈의해〉, 〈신주〉, 〈감통〉, 〈피은〉, 〈효선〉의 9편으로 구성되어 있습니다. 단군 조선의 이야기부터 귀족은 물론 서민과 노비 이야기까지 다양한 민중의 역사를 서술하고 있으며 또한 불교와 관련한 역사적 사건이나 설화를 풍부하게 담고 있어 우리 민족의 종교성과 불교를 바탕으로 한 세계관도 확인할 수 있습니다. 일연 스님은 몽골의 침략과 원나라의 내정간섭으로 상처받은 우리 민족의 자주성과 자부심을 위로하고 주체의식을 고취시키기 위해 《삼국유사》를

《삼국유사》

지었다고 합니다.

오늘날 《삼국유사》는 흥미로운 이야기로 끝없이 현대인들의 호기심을 자극할 뿐만 아니라 한국 고대의 역사를 비롯하여 종교, 문학, 지리, 민속 등 총체적인 문화유산의 원천을 밝힐 수 있는 자료로 평가받고 있습니다.

《삼국사기》 1145년 인종의 명에 의해 김부식의 주도로 편찬된 역사책입니다. 기전체의 서술 방식을 채택하여, 〈본기〉, 〈지〉, 〈표〉, 〈열전〉으로 이루어져 있습니다. 내용은 주로 유교적 덕치주의나 군신의 행동 등 유교적 명분에 대한 것이지만, 《삼국사기》가 편찬된 시기가 고려의 귀족적인 문화가 절정에 이르렀던 시기임을 감안한다면, 민족적 자부심의 표현과 국가의식의 구현이라는 차원에서 편찬된 것이라고 보는 학자들도 있습니다.

더 알아보기

《삼국유사》에는 어떤 불교 이야기가 있나요?

《삼국유사》의 〈흥법〉편에는 삼국이 불교를 받아들인 것과 그 융성에 대한 이야기가 실려 있습니다. 〈탑상〉편에는 사기寺記와 탑, 불상 등에 얽힌 승려 이야기 및 절에 있는 탑의 유래에 관한 기록이 있습니다. 〈의해〉편에는 신라 때 고승들의 행적과 관련된 설화, 〈신주〉편에는 밀교의 이적과 이승들의 전기, 〈감통〉편에는 부처님과의 영적 감응을 이룬 일반 신도들의 영험담을 다룬 설화, 〈피은〉편에는 높은 경지에 도달하여 은둔한 스님들에 대한 이야기, 〈효선〉편에는 부모에 대한 효도와 불교적인 선행에 대한 미담이 있습니다. 이 외에 《삼국유사》에는 역대 왕에 대한 이야기인 〈왕력〉, 신화나 전설, 신앙 등에 대한 이야기인 〈기이〉편이 있습니다.

《직지》에는 어떤 내용이 쓰여 있을까

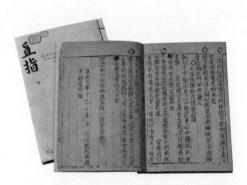

유네스코 세계기록유산으로 지정된 《불조직지심체요절》

퀴즈대회에서 자주 나오는 문제로 '세계에서 가장 오래된 금속활자본은?'이라는 것이 있습니다. 정답은 바로 《불조직지심체요절》(또는 《직지》)입니다. 이는 우리나라 금속활자 기술의 우수성을 보여주는 것입니다. 과연 《직지》에는 어떤 내용이 담겨 있을까요?

공민왕과 노국공주 영정

⚘ 고려 말 반원 개혁 정치와 불교 개혁 운동

14세기 중엽 점차 원이 쇠퇴하면서 공민왕은 적극적인 반원 정책을 추진합니다. 기철 등의 친원 세력을 제거하고, 내정을 간섭하던 기구로 남아있던 정동행성을 폐지합니다. 그 외에도 쌍성총관부를 공격하여 철령 이북의 땅을 회복하고, 낮아진 관제를 복구하는 등 개혁 정치를 추구합니다.

원 간섭기를 지나면서 불교계는 점차 문란해지고 있었습니다. 정혜결사를 비롯한 결사의 정신이 퇴색되고, 선종과 교종을 가릴 것 없이 불교계는 수행법이나 교리 해석과 관련한 논쟁이나 발전적 대립은 줄어들고 물질적 이해관계에 얽혀 그 활력을 잃어가게 됩니다. 불교 사원은 세속의 도피 장소이면서 정쟁의 진원지가 되었고,

승려의 기강은 해이해져 세속화의 길을 걷게 됩니다. 또한 지나친 불사와 도를 넘는 반승飯僧 법회로 국고를 탕진하고 민심은 불교계에 등을 돌리게 됩니다. 이렇듯 고려 말기 불교계는 상당히 혼란에 빠져 있었습니다.

반승 법회
많은 스님들을 초청하여 식사를 대접하고 법문을 듣는 법회입니다.

불교계의 이러한 폐단을 지적하는 세력이 있었으니, 이들이 신진사대부입니다. 성리학을 기반으로 새로운 정치세력으로 부상한 신진사대부들은 불교의 폐해를 지적하고 그 대책을 제시하기도 합니다. 이러한 불교 비판은 정도전이 쓴 《불씨잡변》에서 정점에 달하게 됩니다.

⚙ 백운화상 경한

백운경한 스님은 고려 말인 1299년 전라도 고부에서 태어났습니다. 태고보우, 나옹혜근과 함께 고려 말을 대표하는 3화상으로 불립니다.

경한 스님은 어려서 출가하여 일정한 스승 없이 전국 유명 사찰을 다니면서 수행을 하다가 원나라로 건너갑니다. 10년 동안 원나라에 머물면서 석옥청공 스님을 만나 가르침을 받은 끝에 무심무념의 참뜻에 마음의 문을 열게 됩니다. 이후 〈증도가〉를 통해 완전히 깨닫게 되자 스승인 청공 스님은 자신의 법이 고려의 경한 스님에게 계승되었음을 인정합니다. 그후 원나라의 청공 스님은 1354년 임종하면서 전법게를 지어 경한 스님에게 전달합니다.

전법게(傳法偈)
스승이 제자에게 자신의 법을 물려주면서 이를 증명하기 위해 지어주는 일종의 시입니다.

경한 스님은 1357년 보우 스님의 천거로 공민왕의 부름을 받았으나 사양하였고, 1365년 나옹 스님의 천거로 다시 공민왕의 부름을 받아 신광사의 주지가 됩니다. 1368년에는 공민왕의 왕비인 노국공주의 원당으로 창건한 경기도 흥성사의 주지가 됩니다. 이후 여러 절에 머무르면서 중생 제도와 후학 지도에 힘쓰다가 1374년 여주 혜목산의 취암사에서 입적합니다.

청주 흥덕사지

✺ 《불조직지심체요절》

《불조직지심체요절》은 《직지심경》 또는 《직지》라고 불리는데, 백운경한 스님이 선의 요체를 이해하는 데 필요한 내용을 뽑아 엮은 책입니다. 석가모니 부처님을 포함한 과거 7부처님의 가르침과 인도의 28분의 큰스님 그리고 중국의 110분의 선사들의 가르침을 모아 엮은, 선불교의 교과서라 할 수 있는 책입니다. 스님이 입적한 3년 뒤인 1377년(우왕 3) 청주 흥덕사에서 금속활자로 찍어낸 것이 바로 현존하는 가장 오래된 금속활자본이라 평가받는 그 초인본입니다. 이때 간행된 상하 2권 가운데 지금까지 전해지고 있는 것은 하권 1책뿐이며, 프랑스 국립도서관에 보관되어 있습니다.

이 책의 중심 주제인 '직지심체'는 선불교에서 말하는 '직지인

심直指人心 견성성불見性成佛'이라는 구절에서 따온 것입니다. 직지란 손가락으로 곧바로 가리킨다는 뜻으로, 자기 마음을 곧바로 직시한다는 의미를 담고 있습니다. 자기 마음을 제대로 볼 때 그 마음이 바로 그토록 만나고 싶었던 부처님이라는 뜻입니다. 즉, 사람이 바깥 세상에 정신이 팔리지 않고 자기의 마음을 올바로 가지면서 참선하여 도를 깨친다면 마음 밖에 부처가 있는 것이 아니라 자기의 마음이 바로 부처임을 확인할 수 있다는 뜻이지요. 화두를 가지고 공부하는 간화선보다 그 어떤 생각이나 궁리를 일으키지 않는 무념무상의 무심한 마음을 최고의 경지로 삼는 백운경한 스님의 독특한 수행법이 잘 표현된 제목이라 할 수 있습니다.

화두(話頭)
수행자가 깨달음을 얻기 위하여 참구(參究, 참선하여 진리를 구함)하는 문제를 의미합니다.

더 알아보기

고려 말 3화상 중 보우 스님은 어떤 분인가요?

보우 스님은 고려 말의 고승으로 우리나라에 처음으로 간화선 수행으로 깨달음을 이룬 분입니다. 1356년에 공민왕의 청으로 왕사가 되었고, 우왕 때 국사로 모셔집니다. 현재 조계종의 대부분 스님들은 태고보우 선사의 법맥을 이어 받고 있습니다.

조선의 건국, 불교의 고난이 시작되다

정도전과 무학대사

이성계를 가장 가까이에서 도와 새나라 조선을 세우고 한양으로 수도를 옮기는 데 중요한 역할을 했던 정도전과 무학대사의 모습입니다. 두 사람은 새로운 나라를 세워 모든 것을 새롭게 하는 것이 고려 사회가 안고 있는 문제를 해결할 수 있는 방법이라는 데에는 뜻을 같이 했지만, 불교에 대한 생각은 서로 달랐습니다. 정도전과 무학 대사의 활동은 조선 시대 불교계에 어떤 영향을 끼쳤을까요?

✸ 조선의 건국과 숭유억불 정책

태조 이성계

이성계(태조)는 고려에서 조선으로 왕조를 바꾸는 역성혁명을 일으켜 새 나라를 세웠습니다. 태조가 조선을 세우는 데에는 정도전을 비롯한 신진사대부의 도움이 컸습니다.

신진사대부는 성리학을 공부하고, 이를 바탕으로 고려 말의 사회 문제를 바로잡으려던 정치 세력입니다. 이들은 당시 불교가 종교 본연의 역할을 하지 못하고, 오히려 많은 토지와 노비를 차지해 이익을 추구하고 사치와 타락에 앞장서자 비판하고 나섰습니다.

"(불교 승려들이) 지금은 평민들과 섞여 살면서 고상한 말과 미묘한 이치로 사대부를 현혹하기도 하고, 죽고 사는 것이 죄업(罪業)에 대한 응보라며 어리석은 백성을 속이기도 하면서 …… 나라를 좀먹고 백성을 병들게 함이 이보다 심한 것이 없습니다. 원하옵건대, 그 무리(승려)들을 모아 학문과 덕행을 자세히 살펴서, 학문이 정밀하고 덕행이 닦아진 사람은 그 뜻을 이루게 하고, 나머지는 모두 머리를 기르고 각자 생업에 종사하게 하소서(《태조실록》 1, 태조 원년 7월 기해일 기사)."

태조가 왕위에 오른 지 불과 3일만에 불교의 교리를 비판하고 학문과 덕행이 모자란 승려를 없애자는 이같은 상소문이 올라올 정도였습니다. 결국 신진사대부의 불교 배척은 조선의 주요 정책으로 채택되어 성리학을 중시하고 불교를 억압하는 숭유억불 정책이 추진되었습니다.

한편, 조선이 새나라의 기틀을 마련해 가는 과정에서 통치 제도를 둘러싸고 갈등이 일어나기도 했습니다. 조선을 세우는 데 중요한 역할을 했던 정도전은 영의정, 좌의정, 우의정 등 재상들의 권한을 강화한 정치 구조를 만들려고 했으나, 태조의 아들인 이방원(후에 태종이 됨)이 반대하고 나선 것입니다. 이방원은 정도전과 달리 국왕 중심의 정치를 추구하였습니다. 결국 이 두 세력의 대립은 태조의 왕위 계승 문제로 이어져 '왕자의 난'이 일어났습니다. 그리고 왕자의 난에서 승리한 이방원은 정도전 등을 제거하고 조선의 세 번째 왕이 되었습니다.

태종은 재상의 권한을 약화시키고 왕권을 강화하여 국왕 중심의 정치를 폈습니다. 하지만 건국부터 이어진 숭유억불 정책의 흐름은 그대로 이어나갔습니다.

왕자의 난
태조의 왕자들 사이에서 왕위 계승을 둘러싸고 벌어진 두 차례의 싸움입니다. 1차 왕자의 난은 이방원 등이 정도전과 어머니가 다른 동생이었던 세자를 제거한 것이고, 2차 왕자의 난은 실질적인 권력을 장악한 이방원에 대항해 형인 이방간이 일으킨 사건입니다.

⚙ 정도전의 불교 배척

조선 건국 직후부터 계속된 불교 배척의 움직임에 가장 큰 영향을 준 인물은 정도전이었습니다. 그는 〈불씨잡변佛氏雜辨〉이란 글을 써서 원인과 결과를 연결시켜 이해하는 인과설과 자신이 지은 업보에 따라 삶과 죽음이 반복된다는 윤회설 등 불교의 근본 교리를 비판하였습니다. 인간의 마음과 본성에 대한 불교의 입장도 틀렸을 뿐만 아니라 중국의 역사를 근거로 들면서 불교가 국가에 이익이 되

문헌사(경기도 평택 소재)
정도전의 제사를 지내는 사당
으로, 그의 시호를 따서 문헌
사라고 합니다.

지 않는 종교라는 주장을 폈습니다.

정도전의 불교 비판은 불교 교리에 대한 깊은 이해를 바탕으로 제기된 것이 아니었습니다. 단지 성리학자의 입장에서 불교를 바라보고 불교의 문제점을 지적하는데 그쳐, 억지스럽거나 독단적인 주장이 많습니다. 하지만 정도전이 조선 건국에서 중요한 역할을 했던 인물이었던 만큼, 불교를 배척하는 그의 태도는 조선 왕조의 불교 정책에 적지 않은 영향을 주었습니다.

그러나 태조는 정도전의 불교 배척 주장을 그대로 받아들이지 않았습니다. 새로운 나라를 세우자마자 불교를 억압하는 것이 나라를 안정시키는 데 도움이 되지 않는다고 판단했기 때문입니다. 다만 당시 승려들 사이에서 행해지고 있던 나쁜 풍습을 없애고, 승려들이 누리던 특권을 일부 제한하는 정도였습니다. 이렇게 태조가 비교적 온건한 불교 정책을 펴게 된 데에는 그의 옆에 있었던 무학대사의 역할이 컸습니다.

✿ 무학대사의 활약

무학자초(1327~1405) 스님과 태조의 인연은 조선 건국 이전으로 거슬러 올라갑니다. 이성계가 안변 석왕사 토굴에 머물던 무학 스님을 찾아 온 것입니다. 이때 무학 스님은 이성계가 혁명을 일으

키도록 설득했다고 합니다. 정도전과 함께 태조를 도와 조선을 세
우는 데 큰 공을 세운 것입니다.

　이런 인연 때문인지 무학 스님은 태조가 왕위에 오르면서 왕사
로 책봉되었습니다. 그리고 새로운 도읍지를 찾아 나선 태조를 따
라 계룡산과 한양 등을 돌아보고, 한양을 새 도읍지로 결정하는 데
큰 역할을 하였습니다. 또한 한양을 지키는 비보사찰을 지정하는
등 조선 초기 불교계를 이끌어 나갔습니다. 이렇게 무학 스님이 활
발하게 활동했기 때문에 건국 직후 조선은 불교 배척 정책을 강력
하게 추진하지 못하였습니다.

　그러나 1398년(태조 7)에 일어난 제1차 왕자의 난을 전후로 무
학 스님은 일선에서 물러나게 되었습니다. 이후 무학 스님은 태상
왕으로 물러난 태조의 힘을 빌려 태종의 대대적인 불교 탄압을 저
지하려고 하였습니다. 태종의 불교 탄압에도 불구하고 전국에 비보
사찰을 지정하는 등 사찰이 보전될 수 있도록 노력하였습니다. 하

한양의 비보사찰(裨補寺刹)
자초 스님은 조선이 한양으로
도읍을 옮길 때, 한양을 둘러싼
동서남북 네 곳의 사찰을 한양
을 보호하는 비보사찰로 정했
다고 합니다. 즉, 동쪽의 청련
사, 서쪽의 백련사, 남쪽의 삼막
사, 북쪽의 승가사를 말합니다.
동쪽은 불암사, 서쪽은 진관사
라는 다른 주장도 있습니다.

지만 무학 스님이 입적한 이후 조선의 불교계는 점차 쇠퇴의 길에 들어서게 되었습니다.

✿ 종단의 통폐합

인왕상(仁王像)
사찰, 불탑, 불전 등의 출입문을 지켜주는 수호신장의 상을 말합니다. 큰 사찰의 인왕문에 세워지는 근육질 몸매의 금강역사상 등이 대표적입니다.

조선 정부의 배불排佛 정책은 태종이 즉위한 후 본격적으로 추진되었습니다. 태종은 궁궐 안에 있던 인왕상을 궁궐 밖으로 옮기게 하였고, 궁궐에서 거행되던 모든 불교 의식을 폐지했습니다. 1404년(태종 4)에는 사간원이 올린 건의에 따라 여성들이 사찰에 가는 것을 금지하였고, 이듬해에는 국가에서 정한 사찰에만 토지와 노비를 지급하고 나머지 사찰의 토지와 노비는 거두어 들였습니다. 이러한 조치로 조선의 불교계는 11개의 종단과 전국 240여 곳의 사찰만이 국가 지원을 받게 되었습니다. 이후에도 태종의 배불 정책은 계속되었고, 결국 불교 종단은 더욱 줄어들어 7개만 남게 됩니다.

태종의 뒤를 이은 세종은 1424년(세종 6)에 7개의 불교 종단을 선종과 교종이라는 두 개의 종단으로 통폐합하고 전국의 사찰 수도 크게 줄였습니다. 그 결과 선종과 교종에 각 18사찰씩 총 36사찰만이 국가 지원을 받게 되었습니다. 36곳의 사찰이 소유할 수 있는 토지는 7,950결로 제한하여 나머지를 모두 없애거나 국가에서 몰수해 버렸고, 승려의 수도 3,770

경주 분황사의 인왕상

명으로 제한하였습니다.

　　세종은 불교와 관련된 업무를 맡아보기 위해 중앙에 설치한 관청인 승록사僧錄司도 폐지하였습니다. 그 대신 흥천사를 선종의 도회소都會所, 흥덕사를 교종의 도회소로 삼아 덕행이 높은 승려에게 불교 관련 업무를 맡겼습니다. 선종과 교종의 도회소를 별도로 설치한 것은 두 종단으로 하여금 각기 따로 종단 업무를 보게 하여 불교계의 통제 기능을 분산, 약화시키려는 것이었습니다. 이처럼 태종에서 세종 때까지 조선의 불교계는 종단이 통폐합되고 사찰의 경제 기반이었던 토지가 축소되는 등 고려시대와는 비교할 수 없을 정도로 시련을 겪게 됩니다.

도회소
1424년(세종 6)에 불교를 선종과 교종으로 통폐합한 후 두 종파에 속한 토지와 승려를 관리하고 모든 종무를 집행하기 위해 설치된 기관입니다.

더
알아보기

비보사찰이란 무엇인가요?

비보란 풍수지리적으로 땅의 형세에 문제가 있는 곳을 보완해 준다는 의미입니다. 비보의 방법으로는 인공적으로 산이나 저수지, 숲 등을 만들거나 건물을 세우는 등 여러 가지 방법이 있습니다. 따라서 비보사찰은 사찰을 세워 풍수지리적 문제를 보완한다는 의미가 됩니다.

비보사찰은 불교를 국교로 삼았던 고려시대에 많이 세워졌습니다. 조선 초에도 비보사찰이 지정되었지만, 이는 단순히 풍수지리적으로 땅의 형세를 보완하기보다는 불교를 통제하는 데 이용되었습니다. 즉, 비보사찰을 제외한 나머지 사찰을 없애려 했던 것입니다. 하지만 조선 정부의 배불 정책이 계속되어 불교의 지위가 낮아지면서 국가가 관리하는 비보사찰도 점차 그 의미를 잃어갔습니다.

"나는 불교를 믿을 것이다!"

원각사지 10층석탑

서울 종로의 탑골공원에 남아 있는 원각사지 10층석탑의 모습입니다. 이 탑은 세조
가 《원각경》을 번역하고, 회암사 사리탑에서 사리를 나누어온 것을 기념해 이곳에 원
각사를 다시 짓고 세웠다고 합니다. 숭유억불 정책을 국가 정책으로 추진하던 조선시
대에 이런 거대한 석탑이 세워질 수 있었던 이유는 무엇일까요?

☸ 민족 문화의 발달

강력한 왕권을 휘두르던 태종은 왕위를 셋째 아들인 충녕대군
(세종)에게 넘겨주었습니다. 세종은 태종 때에 이루어진 정치적 안
정을 토대로 일찍이 우리 민족에게서 찾아볼 수 없었던 문화적 업
적을 이루었습니다. 백성을 사랑하는 마음으로 훈민정음을 창제하
고, 실용적이고 독창적인 과학 기술을 발달시켜 민족 문화를 꽃피
웠습니다.

세종이 세상을 떠난 뒤, 조선은 정치적으로 일시 혼란에 빠지
기도 했습니다. 세종의 뒤를 이은 문종이 일찍 죽고 어린 단종이 즉
위하자, 몇몇 재상들이 정치를 좌우하는 상황이 나타난 것입니다.
이에 세종의 차남이었던 수양대군(세조)이 정변을 일으켜 단종을
쫓아내고 왕위에 오릅니다. 세조는 할아버지인 태종처럼 강력한 왕
권을 행사하며 국왕 중심의 정치를 폈습니다. 하지만 세종 때의 문
화적 관심은 세조 때에도 그대로 이어졌습니다. 민족 문화를 꽃피
웠던 세종 때를 전후한 시기, 쇠퇴의 길만 걷던 불교도 조금 숨통이
트였고 우리 역사에 큰 의미를 남기는 진전을 보일 수 있었습니다.

☸ 조선 왕실이 불교를 후원한 사례

조선 정부가 성리학을 정치 이념으로 내세우면서 정부 차원의
불교 정책은 억압 일변도였습니다. 하지만 조선의 국왕들은 개인적
으로 불교와 깊은 인연을 맺었고, 왕실을 중심으로 불교를 후원하

사경 장면

사경
경전을 그대로 베껴 쓰는 것을 말합니다. 경전의 글자에는 부처님 지혜가 담겨 있다는 믿음 때문에 글자를 베껴 쓸 때는 잡념을 일으키거나 나쁜 생각을 품지 않습니다. 그래서 사경은 자신의 잘못을 뉘우치거나 간절한 소망을 빌거나 순수하게 정신을 통일하고 마음을 가다듬는 수행법으로 자리 잡았습니다.

원각사
원각사는 현재의 탑골공원 자리에 있던 절로, 태조가 한양에 도읍을 정할 때 조계종의 중심 사찰로 세웠으나, 종파가 통폐합되면서 조계종이 없어지자 관청으로 사용되다가 세조 때에 다시 지었습니다.

기도 했습니다. 성리학이 나라를 다스리는데 필요한 이념이라면 불교는 왕실의 안녕과 미래를 기원하는 신앙으로 여전히 필요했기 때문입니다.

조선 왕실의 불교 후원은 태조 때부터 이루어졌습니다. 태조는 무학 스님을 왕사로 삼았고, 조선을 세우는 과정에서 희생된 고려 왕실의 명복을 빌기 위해 《법화경》을 금으로 사경하기도 했습니다. 또 왕위에 있는 동안 여러 차례에 걸쳐 대장경을 간행하고 대규모 법회를 열기도 했습니다.

태종 역시 수륙재 등 왕실과 관련된 불교 행사를 거행하였고, 태상왕으로 물러난 태조가 나라의 발전과 종묘사직의 보전을 기원하기 위해 흥덕사를 창건할 때 지원을 아끼지 않았습니다. 세종도 집권 후반기로 갈수록 불교에 호의적인 태도를 보여, 흥천사를 고쳐 짓고 각종 불교 행사를 진행하였습니다.

조선 전기 국왕 중 불교에 가장 호의적인 인물은 세조였습니다. 세조는 부처님의 힘을 빌려 왕권을 강화하고 국왕 중심의 통치 체제를 마련하고자 하였습니다. 이에 왕실 차원에서 불교를 후원하는데 그치지 않고, 불교를 발전시키고 보호하기 위한 여러 정책을 실시하였습니다. 먼저 간경도감을 설치해 수많은 불경을 간행하거나 번역하였습니다. 그리고 회암사에서 《원각경》을 중심으로 하는 법회를 올릴 때 신비스런 현상을 체험하자 흥복사 터에 원각사를 짓도록 하였습니다.

세조대왕 연
연(輦)은 임금이 거둥할 때 타
는 가마로, 이 연은 세조가 공
주 마곡사에 올 때 타고 왔던
것이라고 전해집니다.

원각사지 대원각사비
원각사의 창건 내력을 적은
비로, 1471년(성종 2)에 건립
되었습니다.

근일에 효령대군이 회암사에서 원각 법회를 베푸니, 여래가 현상(現相)하고 감로(甘露)가 내렸다. 황가사(黃袈裟)의 승려 3인이 탑을 둘러싸고 정근(精勤)하는데 그 빛이 번개와 같고, 또 빛이 대낮과 같이 환하였고 채색 안개가 공중에 가득 찼다. 사리분신(舍利分身)이 수백 개였는데, 곧 그 사리를 함원전에 공양하였고, 또 분신이 수십 매(枚)였다. 이와 같이 기이하고 길한 징조는 실로 만나기가 어려운 일이므로, 다시 흥복사를 세워서 원각사로 삼고자 한다.

_《세조실록》33, 세조 10년 5월 갑인일 기사

또한 세조는 원각사 안에 10층탑을 세웠고, 천민이 승려로 출가하는 것도 허용하였습니다.

태조부터 세조에 이르는 시기, 조선 왕실은 불교를 후원하기도 했지만 왕실의 불교 후원이 억불 정책의 폐지를 뜻하는 것은 아닙니다. 조선 왕조의 억불 정책이라는 큰 틀은 유지되면서 국왕이나 왕후 등이 개인 의지에 따라 신앙 활동을 하고 불교를 후원했음을 유의해야 합니다.

⚙ 불경 간행과 간경도감

숭유억불 정책으로 불교가 크게 위축되었지만, 왕실의 후원을 받아 새로운 불경을 간행하는 작업은 계속되었습니다. 세종 때에는 훗날 세조가 된 수양대군이 주도하여 최초의 한글 불전인 《석보상절》을 간행했고, 일종의 찬불가인 〈월인천강지곡〉도 발행되었습

니다. 《석보상절》은 석가모니 부처님의 일대기와
주요 설법을 담고 있는데, 세종이 왕비 소헌왕후
가 세상을 떠나자 그 명복을 빌기 위해 간행하게
한 것입니다. 〈월인천강지곡〉은 석가모니 부처님
의 전생에서부터 열반 이후의 신앙까지 전 생애
를 칭송하는 서사시입니다.

《석보상절》

　　세조가 왕위에 오른 이후에는 더 많은 불전이 간행되고 한글로
번역되었습니다. 세조는 《석보상절》과 〈월인천강지곡〉을 묶어 《월
인석보》를 간행하였고, 국가적 차원에서 새로운 불경을 간행하거
나 한글로 번역하기 위해 간경도감을 설치하였습니다. 간경도감에
서는 《법화경》, 《금강경》, 《능엄경》과 같은 경전과 《수심결》, 《몽산
법어》 등의 선서禪書를 한글로 번역하였고 승려 교육에 필요한 책
들도 간행하였습니다. 세조는 불경 간행 및 번역 작업에 직접 참여
하기도 하였고, 왕실의 종친들을 참여시키기도 하였습니다. 특히
한글 번역 사업은 한글 보급뿐만 아니라 누구나 쉽게 불교를 접할
수 있게 하는 불교의 대중화라는 측면에서도 의미 있는 활동이었
습니다.

　　하지만 성종 때 억불 정책이 강화되면서 간경도감을 폐지하자
국가 차원의 불전 간행은 사실상 중단되었습니다. 다만 성종 이후에
도 왕실의 후원을 받아 많은 경전이 한글로 번역되기도 하였습니다.

수륙재가 무엇인가요?

수륙재란 물과 육지에서 헤매는 영혼과 아귀를 위해 부처님 가르침이 담긴 경전을 읽어주거나 법문을 들려주고 음식을 베푸는 종교 의식을 말합니다. 중국 양나라 무제에 의해 시작되었다고 전해지는 수륙재는 우리나라의 경우 고려시대부터 시작하여 크게 유행하였다고 합니다. 조선시대에는 억불 정책에도 불구하고 국가 차원에서 여러 차례에 걸쳐 수륙재를 거행하였습니다. 물론 이를 둘러싼 논쟁이 없지 않았지만, 오랜 전통으로 계속된 수륙재를 쉽게 폐지시키지 못한 것입니다. 하지만 중종 때 유생들의 반대로 국가 차원의 수륙재는 금지되었습니다. 다만 민간 차원의 수륙재는 계속되어 오늘날까지 이어지고 있습니다.

진관사에서 재현된 수륙재 모습

25. 도첩제와 승과 폐지

승려가 되는 길이 막히다

도첩

사진은 조선 후기인 1684년에 경상도 영천군수가 영천군 서면 죽림사의 승려 천식에게 발급한 도첩입니다. 도첩은 고려시대부터 나라에서 승려가 되려는 사람에게 발급한 일종의 신분증명서입니다. 강력한 억불 정책이 추진되던 조선시대에 도첩제는 어떻게 변천되어 갔을까요?

✿ 새로운 정치 세력, 사림의 등장

조선왕조의 기본 법전인 《경국대전》을 반포하여 통치체제 정비를 마무리한 성종은 성리학의 원칙에 투철한 지방 사족을 중앙에 본격적으로 등용하기 시작했습니다. 이들을 사림士林이라고 합니다. 성종이 왕위에 올랐을 당시 권력을 잡고 있던 세력은 훈구勳舊였습니다. 훈구 세력은 단종을 쫓아내고 왕위에 오른 세조를 지지해 권력을 잡았습니다. 그런데 이들의 일방적인 독주가 계속되자, 이들을 견제하기 위해 성종이 사림을 적극 등용한 것입니다.

사림은 성리학적 원칙을 더욱 강조하고 성리학적 통치 이념을 실천에 옮기려 하였습니다. 그래서 성리학 이외의 사상을 철저

훈구
조선 전기의 지배세력이며, 주로 공신과 외척들이 중심이었습니다.

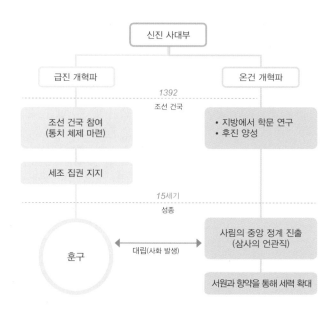

훈구와 사림

186

히 배격했습니다. 하지만 훈구는 나라를 부강하게 만들 수 있다면 성리학 이외의 사상도 어느 정도 받아들일 수 있다는 입장이었습니다. 서로 입장이 달랐던 훈구와 사림은 점차 대립하기 시작했고 연산군 때부터 격렬해지기 시작했습니다. 결국 두 세력의 대립은 사화로 이어졌고, 이런 갈등은 명종 때까지 계속되었습니다. 그리고 이 과정에서 사림의 적극적인 비판으로 불교에 대한 억압이 심화되었고, 조선 왕실도 점차 불교와 멀어지게 되었습니다.

사화
사화란 '사림의 화(禍)'의 준말로. 사림이 훈구 세력과 척신 세력으로부터 받은 정치적 탄압을 말합니다. 연산군 때 일어난 무오사화와 갑자사화, 중종 때의 기묘사화, 명종 때의 을사사화 등이 대표적입니다.

✿ 도첩제의 폐지

사림이 중앙 정계에 진출한 성종 때부터 정부 차원의 강력한 불교 억압 정책이 잇따랐습니다. 먼저 도성 안에 있던 염불소를 폐지하였고, 세조가 불경 간행을 위해 설치한 간경도감도 폐지하였습니다. 또한 양반 부녀자의 출가를 금지하였고, 여성의 사찰 출입까지 막아버렸습니다. 국왕의 탄신일에 관행적으로 거행되던 국왕의 무병장수와 왕실의 평안을 비는 축수제도 금지되었습니다. 승려의 도성 출입도 제한하여, 사실상 도성 안에서의 불교 포교 활동이 불가능해졌습니다.

하지만 성종이 실시한 가장 강력한 억불 정책은 도첩제를 사실상 폐지한 것입니다. 도첩제는 출가하기를 원하는 사람에게 그 자격을 묻고 출가를 허락하는 증명서(도첩)를 발급하는 제도로서 고려시대부터 시행되었습니다. 조선시대 초기에는 여러 조건을 붙여

제한적으로 도첩을 발급하는 등 도첩제를 강화하였습니다.

조선 정부가 도첩제를 강화한 목적은 승려의 수를 줄여 승려의 질적 수준을 높이는 한편, 국가가 필요로 하는 노동력을 확보하려는 것이었습니다. 그래서 태조와 태종은 도첩제를 강화하여 출가를 제한하였고, 그 결과 승려의 수는 급격히 줄어들었습니다.

〈경국대전〉

하지만 세종은 도첩제를 완화하여 국가의 토목 공사에 참여한 승려에게 도첩을 발급해 주었고, 도첩이 없는 승려들을 구제하는 정책을 펴기도 했습니다. 적극적으로 불교를 보호하는 정책을 폈던 세조는 도첩을 발급받는 비용을 크게 줄였습니다. 《경국대전》에는 누구나 포 30필만 납부하면 도첩을 발급받을 수 있도록 규정하고 있는데, 이 규정은 아마도 세조 때부터 시행된 것으로 보입니다. 이렇게 도첩제가 완화되면서 세조 때에는 승려의 수가 다시 늘어났습니다.

그러나 성종은 군역을 부담할 사람들을 확보한다는 명분을 내세워 도첩 발급을 중지시켰습니다. 군역을 피해 출가하는 자가 많았기 때문에, 군사력을 확보하기 위한 조치였고 사실상 도첩제를 폐지한 것이라 할 수 있습니다. 이후 중종이 《경국대전》에서 승려로 출가하는 규정을 담고 있는 〈도승조〉를 삭제해 버릴 때까지 도첩은 발급되지 않았습니다. 성종이 도첩 발급을 중단한 이후 공식적으로 승려가 될 수 있는 길은 중종 대에 이르러 완전히 막혀 버린 것입니다.

연산군 때에는 불교에 대한 억압이 절정기에 달했습니다. 연산
군은 출가를 금지하기 위한 제도적 장치를 만들어 시행하였고, 비
구니의 환속을 강제적으로 집행하는 등 불교 말살 정책을 폈습니
다. 또한 선종과 교종의 도회소를 폐지하여 사실상 선·교 양종을 없
애버렸으며, 과거 시험에서 승려를 선발하는 승과를 실시하지 않았
습니다.

본래 《경국대전》 〈도승조〉에는 선·교 양종이 3년마다 시험을
실시하여 각각 30인을 뽑도록 한 승과에 대한 규정이 실려 있습니
다. 하지만 연산군이 승과를 실시하지 않음으로써 승과 제도는 점
차 유명무실하게 되었습니다.

> **승과** 승과는 고려 광종 때 과거제 도입과 함께 시작된 것으로 알려져 있습니다. 조선 시대의 승과는 고려의 승과를
> 그대로 계승해 교종선과 선종선으로 나누어 3년마다 실시되었습니다. 교종 승려를 선발하는 교종선은 《화엄경》과
> 《십지경론》을 시험했고, 선종 승려를 선발하는 선종선은 《전등록》과 《선문염송》을 시험해 각각 30명의 승려를 선
> 발했습니다. 승과에 합격한 승려는 교종과 선종의 구분 없이 대선이라는 법계를 받았고, 다시 중덕을 거쳐 교종은
> 대덕, 대사로, 선종은 선사, 대선사로 올라갈 수 있었습니다.

이러한 억불 정책은 중종 때에도 이어졌습니다. 중종이 즉위한
직후에는 어머니 정현왕후에 의해 불교의 위상을 만회하려는 노력
이 있었습니다. 연산군이 없앤 사찰을 복구하고 국가가 몰수한 토지
와 노비를 되돌려줄 것을 주장한 것입니다. 하지만 연산군을 몰아

내고 중종을 왕위에 세운 공신들의 반대로 실행되지 못했고 중종이 즉위한 직후에 실시된 과거 시험에서도 승과를 실시하지 않았습니다. 뿐만 아니라 중종은 신하들의 건의를 받아들여 《경국대전》에서 승과 선발 규정을 담고 있는 〈도승조〉를 아예 삭제해 버렸습니다.

> 승정원에서 아뢰기를,
> "오늘 석강에서 경연관이 계청(啓請)한 《대전》의 〈도승〉 조문을 삭제하는 것을 마땅히 어떻게 하오리까? 무릇 《대전》에 실려 있는 승려에 관한 조문이 하나만이 아니니, 모름지기 대신과 의논하여 아울러 삭제함이 어떠하오리까?"
> 하니, 그대로 따랐다.
>
> _《중종실록》27, 중종 11년 12월 임술일 기사

《경국대전》에서 〈도승조〉가 폐지되면서 승과 제도는 완전히 없어지고 말았습니다. 이로써 불교계는 우수한 자질과 역량을 가진 승려를 길러낼 수 없게 되어 사실상 존립 기반 자체를 상실하고 말았습니다. 이제 조선의 불교는 깊은 산 속의 작은 사찰을 중심으로 극소수의 승려만이 그 명맥을 이어갈 수밖에 없는 처지에 놓이게 된 것입니다.

26. 선·교 양종의 재건

불교가 다시 일어서다

서울 봉은사

서울 강남 한복판에 자리 잡고 있는 봉은사의 모습입니다. 봉은사는 조선 명종 때에 문정왕후에 의해 선종의 본산으로 지정되어 조선의 불교가 다시 일어서는 중심이 되었습니다. 16세기 이후 조선의 불교는 어떻게 다시 일어설 수 있었을까요?

✵ 16세기의 정치·사회적 혼란

인종의 뒤를 이어 열두 살의 어린 나이로 명종이 즉위하였습니다. 명종은 나이가 어렸기 때문에 어머니인 문정왕후가 대신 정치를 하는 수렴청정을 하게 되었습니다. 이를 계기로 문정왕후의 동생인 윤원형과 그를 따르는 소윤 세력이 정권을 잡았습니다. 이들은 중종 때부터 인종을 지지하며 소윤 세력과 맞섰던 대윤 세력을 제거하기 위해 을사사화를 일으켰습니다. 이후에도 윤원형 등 집권 세력은 반대 세력을 비난하는 글을 써 붙이는 벽서 사건이나 역모 사건을 조작해 자신들과 뜻을 달리하는 세력들을 제거해 나갔습니다.

한편 명종은 성년이 된 이후에도 자기 목소리를 내지 못했습니다. 어머니 문정왕후와 외삼촌 윤원형을 뛰어 넘어 자신만의 정치를 할 힘이 없었던 것입니다. 그 결과 일부 권세 있는 신하들이 권력을 휘두르게 되었고 정치가 문란해졌습니다.

정치의 문란은 백성의 생활을 어렵게 만들었습니다. 권력을 가진 자들은 토지와 경제적 이익을 독차지하고 백성을 가혹하게 수탈했습니다. 이에 농민 봉기가 끊이지 않았습니다. 임꺽정과 같은 도적떼까지 등장했다는 것은 당시 백성의 삶이 매우 어렵고 사회적 혼란이 컸음을 시사합니다.

이처럼 16세기 조선은 정치·사회적으로 혼란이 이어지던 시기였습니다. 여기에 해안 지방에서 왜구의 소란까지 겹쳐지면서 조선은 점차 안팎으로 위기를 맞게 됩니다.

문정왕후의 태릉

✸ 문정왕후의 불교 후원

명종이 즉위하고 문정왕후가 수렴청정을 하는 동안 불교는 한 때 중흥의 시기를 맞았습니다. 불심이 돈독했던 문정왕후가 적극적으로 불교를 일으키는 정책을 폈기 때문입니다. 조선 초기 역대 왕들도 불교와의 인연으로 숭유억불이라는 정부 정책에도 불구하고 개인적으로 불교를 장려한 경우가 있었습니다. 하지만 문정왕후는 자신이 갖고 있던 권력을 이용해 국가적 차원에서 전폭적으로 불교를 중흥시키려는 정책을 폈습니다.

　문정왕후의 수렴청정이 끝나고 명종이 직접 통치할 때에도 불교 중흥 정책은 계속되었습니다. 여전히 영향력을 유지하던 어머니 문정왕후의 뜻을 거스르지 못했기 때문입니다. 하지만 명종 때의 불교 중흥 정책은 15년만에 막을 내리고 맙니다. 문정왕후가 세상을 떠나자, 그동안 왕후의 위세에 눌려있던 유생들이 반발하고 나선 것입니다. 결국 명종은 중종 때의 억불 정책으로 되돌아갔고, 불교는 다시 산중으로 돌아가게 되었습니다.

✿ 보우의 활약

　문정왕후의 불교 중흥 정책에서 중심적인 역할을 했던 인물이 보우 스님입니다. 보우 스님은 정만종의 추천으로 문정왕후와 인연을 맺었습니다. 그후 문정왕후의 막강한 권력을 등에 업고 불교를 개혁하고 중흥시키기 위한 여러 정책을 추진하였습니다.

　보우 스님은 15세에 출가하여 약 20년 동안 수행과 학문에 힘을 쏟으며 선종과 교종의 모든 방면에서 상당한 수준을 갖춘 고승이었습니다. 1548년(명종 3)에 문정왕후의 부름을 받고 봉은사 주지를 맡게 되었는데, 이를 계기로 문정왕후와 함께 본격적인 불교 진흥 정책을 추진하게 됩니다.

보우대사

194

먼저 전국 사찰에 잡인이 출입하는 것을 금지하는 명령을 내리도록 문정왕후에게 건의하였습니다. 이후 문정왕후가 선·교 양종을 부활시키는 조치를 내리면서 보우 스님은 선종의 최고 지위인 '판선종사도대선사'로 임명되었습니다.

문정왕후와 보우 스님의 노력으로 불교 중흥을 위한 제도적 장치들이 마련되면서 종단은 어느 정도 안정을 되찾게 됩니다. 그러자 보우 스님은 1555년에 판선종사도대선사와 봉은사 주지직을 내려놓고 춘천의 청평사에 머물렀습니다. 그후 1560년에 다시 판선종사도대선사와 봉은사 주지직을 맡아 회암사 중창 사업을 추진하였습니다.

그러나 얼마 뒤 문정왕후가 세상을 떠나면서 보우 스님은 큰 시련을 맞게 됩니다. 명종의 불교 정책이 숭유억불 정책으로 되돌아가면서 그동안 시행된 대부분의 불교 중흥 정책이 폐지되고 만 것입니다. 더욱이 보우 스님은 이이를 비롯한 유생들의 집중적인 공격을 받아 제주도로 유배되었습니다. 그리고 그 곳에서 제주목사 변협의 고문으로 순교하고 말았습니다.

🏵 선·교 양종과 승과의 부활

문정왕후와 보우 스님은 불교 중흥을 위해 먼저 성종 때에 사실상 폐지되었던 도첩제를 다시 실시하였습니다. 또한 강제로 통합되었던 교단을 분리시켜 선·교 양종을 부활시켰습니다.

봉선사(경기도 남양주시)

문정왕후는 1550년에 선·교 양종을 다시 일으키고 승과를 부활한다는 교지를 내렸습니다.

봉은사(奉恩寺)와 봉선사(奉先寺)를 선종과 교종의 본산으로 삼아서 《대전》에 따라 대선취재조(大禪取才條) 및 승려가 될 수 있는 조건을 신명하여 거행하도록 하라.

_《명종실록》10, 명종 5년 12월 갑술일 기사

이처럼 봉은사를 선종의 본산으로, 봉선사를 교종의 본산으로 지정하였고, 그 이듬해에 보우 스님을 봉은사 주지로, 수진 스님을 봉선사 주지로 삼았습니다.

1551년에는 연산군 이후 실시되지 않았던 승과를 다시 실시하였습니다. 선·교 양종의 승려를 선발하는 승과의 실시로 우수한 승려가 선발될 수 있는 계기가 마련되었습니다. 훗날 불교 중흥을 위해 앞장섰던 청허휴정(서산대사) 스님도 이때 실시된 승과를 통해 등용되었고, 이후 실시된 승과에서 사명당 유정 스님이 등용되기도 했습니다.

선·교 양종과 승과의 부활은 조선 불교계에 새로운 활기를 불어 넣었습니다. 비록 문정왕후가 세상을 떠나면서 일시적으로 추진되었던 불교 중흥 정책이 모두 취소되고 말았지만, 명종 때의 불교 중흥 노력은 불교계에 새로운 인재를 보강하여 조선 불교가 계속 존립할 수 있는 중요한 토대가 되었습니다.

더 알아보기

수렴청정垂簾聽政이란 무엇인가요?

수렴청정은 나이가 어린 국왕이 즉위했을 때, 왕실의 가장 어른인 대왕대비나 왕대비가 정치에 참여하는 방식을 말합니다. '수렴'이란 '발을 드리운다'는 의미이고, '청정'이란 '정치를 듣는다'는 의미입니다. 즉, '발을 치고 함께 정치를 듣는다'는 뜻입니다. 조선은 유교 국가로 남녀 간의 구분이 엄격했습니다. 그래서 대왕대비나 왕대비라 하더라도 남자 신하들과 얼굴을 맞대고 정치를 의논하는 것은 유교 윤리에 어긋난다고 생각했습니다. 그래서 발을 치고 정치를 의논하는 방법을 택한 것입니다. 조선시대에는 세조의 비인 정희왕후가 어린 성종을 대신해 수렴청정을 한 것을 시작으로 모두 7번의 수렴청정이 있었습니다.

불교, 국난 극복에 앞장서다

휴정 스님(서산대사)

사진은 우리에게 서산대사로 널리 알려진 휴정 스님의 모습입니다. 휴정 스님은 임진 왜란 당시 선조의 부름을 받고 도총섭에 임명되었습니다. 그리고 스님들을 모아 의승 군(의병)을 조직하여 국난을 극복하는 데 앞장섰습니다. 휴정 스님을 중심으로 한 의 승군의 활약은 조선 불교계에 어떤 변화를 가져왔을까요?

✹ 왜란과 호란

16세기에 들어서면서 조선을 둘러싼 대외 정세가 매우 불안해졌습니다. 북쪽의 여진족이 자주 국경을 침범하였고, 남쪽의 왜인들은 3포왜란과 을묘왜변 등 잇따른 소란을 일으켰습니다. 조선 정부가 만약의 사태에 대비하기 위해 비변사라는 기구를 설치해 국방 문제를 맡아 처리하도록 했지만, 외세의 침략에 대비한 적극적인 대응책을 마련하지는 못했습니다. 오히려 선조 때 정권을 잡은 사림이 붕당을 만들어 동인과 서인으로 나뉘면서 정치인들의 의견이 하나로 통일되지 못하였습니다. 오랜 평화로 국방력도 크게 약해져 있었습니다.

1592년, 일본의 도요토미 히데요시는 명나라를 치기 위한 길을 빌려달라는 '정명가도'를 주장하며 조선을 침략하였습니다. 임진왜란이 일어난 것입니다. 후퇴를 거듭하던 조선은 명의 지원을 받아 왜군을 격퇴하였지만, 7년 동안 계속된 전쟁으로 큰 피해를 입었습니다.

조선이 왜란의 피해를 다 복구하지 못한 상황에서 이번에는 여진족이 세운 후금(청)의 침략을 받았습니다. 1627년에 일어난 정묘호란은 쉽게 화의가 이루어졌지만, 1636년에 일어난 병자호란은 청의 군신 관계 강요를 받아들이는 굴욕적인 강화로 끝을 맺게 됩니다.

잇따른 외세 침략에 맞서 조선의 모든 백성은 하나가 되어 이

붕당
정치적 견해와 학문적 성향을 같이하는 사림이 모여 이루어진 정치 집단을 말합니다.

를 격퇴하기 위해 노력했습니다. 여기에는 불교계도 예외가 아니었습니다. 국난 극복에 적극적으로 참여한 불교계의 노력은 이후 불교의 위상 변화로 이어지게 됩니다.

🏵 임진왜란과 의승군의 활약

전쟁에 충분히 대비하지 못했던 조선은 임진왜란 초기 관군의 잇따른 패배로 큰 위기를 맞았습니다. 이에 전국 곳곳에서 나라를 지키기 위한 의병들이 일어났습니다. 매번 국난 극복을 위해 앞장섰던 불교계도 의승군을 조직해 왜군에 맞서 싸웠습니다. 공주 갑사에 있던 기허당 영규 스님은 의승군을 거느리고 조헌이 이끄는 의병과 힘을 합쳐 청주성을 되찾았습니다. 영규 스님은 이후 금산 전투에 참여했다가 의병장 조헌과 함께 전사하는데, 스님은 최초의 승병장으로 이름을 남깁니다. 이것을 시작으로 전국 곳곳에서 많은 의승군이 조직되어 활약했습니다.

의승군의 조직이 전국적으로 확대되는 데에는 휴정 스님의 역할이 컸습니다. 왜군을 피해 의주로 피란한 선조는 의승군을 모집하기 위해 묘향산에 머물던 휴정 스님을 불러들였습니다. 그리고 휴정 스님에게 '팔도십육종도총섭'이란 직책을 내려 전국의 의승군을 관리하게 하였습니다.

휴정 스님을 승군대장
도총섭으로 임명한 교지

승통(僧統)을 설치하여 승군을 모집하였다. 행조(行朝)에서 묘향산의 옛 승관

◀ 대구 동화사 사명당 유정
　진영
▶ 사명당 유정 교첩
1593년에 비변사에서 사명대
사 유정을 '경상도 총섭'에 임
명하기 위해 발급한 것입니다.

(僧官) 휴정을 불러 그로 하여금 승려를 모집하여 군사를 만들도록 하였다. 휴
정이 여러 절에서 불러 모아 수천여 명을 얻었는데, 제자 의엄을 총섭(總攝)으
로 삼아 그들을 거느리게 하고 원수(元帥)에게 예속시켜 성원(聲援)하게 하였
다. 그리고 또 격문을 보내어 제자인 관동의 유정과 호남의 처영을 장수로 삼
아 각기 본도에서 군사를 일으키게 하여 수천 명을 얻었다. 유정은 담력과 지
혜가 있어 여러 번 왜진(倭陣)에 사자로 갔는데 왜인들이 신복(信服)하였다. 승
군은 제대로 접전은 하지 못했으나 경비를 잘하고 역사를 부지런히 하며 먼저
무너져 흩어지지 않았으므로 여러 도에서 그들을 의지하였다.

_《선조수정실록》26, 선조 25년 7월 무오일 기사

　이를 계기로 도총섭인 휴정 스님을 중심으로 전국 8도에 선·교
양종 2명씩 모두 16명의 총섭을 둔 의승군 조직이 만들어지게 되었
습니다. 의승군은 왜군과 전투를 벌이는 관군을 돕거나 독자적으로

전투를 수행하였습니다. 또한 군량을 운송하고 산성을 쌓는 등 후방에서 군사들을 지원하는 역할도 담당하였습니다. 일부 의승군은 머물고 있던 지역에서 군량미를 조달하기 위해 토지를 개간하고 농사를 짓는 등 전쟁에 필요한 물자를 비축하기도 하였습니다. 뿐만 아니라 유정 스님은 서생포에 주둔하고 있던 적장 가토 기요마사를 만나 외교 활동을 벌이기도 했습니다. 이처럼 의승군은 왜란이 끝날 때까지 여러 방면에서 다양한 활동을 펼치며 왜군을 격퇴하는 데 큰 역할을 하였습니다.

⚙ 정묘·병자호란과 의승군의 활약

의승군의 활동은 정묘호란과 병자호란 때에도 계속되었습니다. 인조는 후금이 침략하자 의승장 명조 스님을 '팔도의승도대장'에 임명하였습니다. 명조 스님은 의승군 4,000여 명을 거느리고 안주에서 후금에 맞서 싸워 큰 공을 세웠습니다.

병자호란 때에는 의승장 각성 스님이 활약했습니다. 각성 스님은 1624년 남한산성을 쌓을 때 '팔도도총섭'을 맡아 공사를 감독하여 3년 만에 완공하였습니다. 그리고 병자호란이 일어나자 화엄사를 중심으로 3,000여 명의 의승군을 모아 '항마군'이라 부르고, 스스로 의승대장이 되었습니다. 하지만 각성 스님이 이끌던 의승군이 청군에 맞서기 위해 한성으로 올라오던 중 인조가 청과 강화를 맺게 되면서, 아쉽게도 의승군을 되돌려야 했습니다.

항마군
옳은 일을 하려는 사람을 방해하거나 그릇된 길로 내모는 자를 불교 경전에서는 마(魔)라고 부릅니다. 마의 방해와 유혹을 물리치고 기어이 항복을 받아내는 것을 항마(降魔)라고 하는데, 평화로운 백성의 삶을 파괴하고 국토를 짓밟은 외적을 이런 '마'에 빗대어 붙인 이름입니다.

정묘호란과 병자호란 당시의 의승군은 임진왜란 때에 비해 그
규모나 활약상이 크지는 못했습니다. 하지만 나라의 위기를 맞아
이를 극복하는 데 앞장섰던 한국 불교의 호국적 성격은 그대로 이
어졌습니다.

☸ 국난 극복에 따른 불교계의 위상 변화

왜란과 호란 당시 의승군을 조직해 활약했던 스님들은 지방에
머물던 사림 못지않은 큰 역할을 하였습니다. 의승군의 활약은 조
선 정부와 조선 사회가 불교를 새롭게 바라보는 계기가 되었습니
다. 물론 조선 정부가 추진하던 숭유억불 정책이라는 큰 원칙에는
변화가 없었지만, 불교계 위상이 어느 정도 높아지게 된 것입니다.

먼저 임진왜란 당시 큰 공을 세운 유정 스님을 비롯한 여러 스
님에게 관직이 수여되었습니다. 그리고 8도에 총섭 2명을 두고 이
들을 지휘하는 도총섭을 두는 제도가 정착되었습니다. 또한 인조는

남한산성을 쌓은 후, 산성 안에 개원사를 비롯해 사찰 9곳을 두고, 이곳에 의승군 350명을 주둔하게 하였습니다. 숙종도 한성을 방어하기 위해 북한산성을 쌓고, 산성 안에 중흥사를 비롯해 사찰 11곳을 세워 승군을 주둔하게 하였습니다. 왜란 이전에 사회적으로 천시 받던 스님들이 조선 정부로부터 공식적인 직책을 받는 지위로 높아진 것입니다.

표충사
밀양을 대표하는 절 표충사에는 또 다른 표충사(表忠祠)가 있습니다. 절을 뜻하는 사(寺)가 아닌 제사를 지내는 사당이란 뜻의 사(祠)이지요. 이 표충사와 해남 표충사, 묘향산의 수충사는 승병장으로 활약한 스님들을 제사 모시는 전각이므로 사(祠)를 쓰고 있습니다.

왜란과 호란 이후 불교계 위상 변화는 일부 유학자들의 불교에 대한 인식이 달라진 것에서도 확인할 수 있습니다. 이들은 의승군과 의승장의 공을 높이 평가하며 승려들과 교류하거나 비문을 써주기도 했습니다. 국왕의 명령으로 밀양의 표충사와 해남의 표충사, 묘향산의 수충사에서 휴정과 유정 스님의 제사를 모시게 된 것도 달라진 불교의 위상을 보여주는 것입니다.

더 알아보기

임진왜란 당시 의승군이 활약한 전투에는 어떤 것들이 있나요?

임진왜란 당시 의승군은 매우 다양한 활동을 하였습니다. 전쟁 초기에는 직접 전투에 참여하는 경우가 많았고, 왜군에게 빼앗긴 한성을 되찾은 후에는 전쟁이 길어질 것에 대비해 산성을 쌓거나 전쟁 물자를 비축하는 역할을 담당했습니다. 전쟁 초기 왜군과 직접 전투를 벌인 사례로는 휴정과 유정 스님이 이끄는 의승군이 평양성을 되찾기 위한 전투에 참여한 것과 처영이 이끄는 1,000여 명의 의승군이 권율 장군과 함께 행주산성 전투에 참가한 것이 대표적입니다. 특히 평양성 전투는 명의 지원군과 조선의 관군, 그리고 의승군이 함께 평양성을 공격해 왜군을 격퇴한 전투로, 임진왜란의 전세를 역전시킨 중요한 전투였습니다.

28. 조선 후기 불교의 발전

불교 정책이 재정립되다

화성 용주사

1790년, 전국 백성의 시주로 오늘날의 화성시 화산 아래에 세워진 용주사의 모습입니다. 성리학을 통치 이념으로 삼아 숭유억불 정책을 펴던 조선시대에 관청과 백성의 지원을 받아 용주사가 세워질 수 있었던 이유는 무엇일까요?

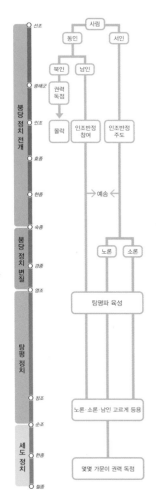

조선 후기의 정치

✿ 양난 이후 통치 체제의 재정비

왜란과 호란 이후 조선은 국가 통치 체제의 재정비에 나섰습니다. 비변사 기능이 강화되어 국가 최고 기구로 떠올랐고, 군사 조직도 개편하였습니다. 하지만 왜란이 일어나기 직전에 등장한 붕당 간의 정치적 경쟁은 더욱 치열해졌습니다. 특히 현종 때 일어난 예송은 서인과 남인의 대립을 격화시켰습니다. 숙종 때에는 정권을 잡은 붕당이 갑자기 교체되는 환국이 되풀이 되었는데, 그 때마다 정권을 잡은 붕당이 상대 붕당을 탄압하고 보복을 가했습니다. 그 결과 특정 붕당이 권력을 독점하는 현상이 나타났습니다.

붕당 간의 대립으로 왕권마저 위협받자, 영조와 정조는 탕평책을 실시합니다. 탕평책은 붕당들의 세력 균형을 유지해 왕권을 강화하고 정치를 안정시키려는 정책입니다. 영조는 자신의 탕평책을 지지하는 탕평파를 육성하여 이들을 중심으로 정치를 이끌어 나갔습니다. 정조는 노론과 소론, 남인 등을 관직에 고루 등용하는 탕평책을 실시하였습니다. 그리고 탕평책으로 왕권이 강화되자 백성의 세금 부담을 줄여주고 상공업의 활동을 보다 자유롭게 허용하는 개혁을 추진하였습니다.

하지만 정조가 갑자기 세상을 떠나고 나이 어린 순조가 왕위에 오르면서 정치 권력이 외척 세력에게 넘어가고 말았습니다. 그 결과 순조에서 헌종, 철종까지 3대 60여 년 동안 왕의 외척인 안동김씨와 풍양조씨 등 몇몇 가문이 권력을 독점하는 세도 정치가 전개되었습니다.

세도 가문이 자신들의 이익을 위해 권력을 행사하면서 정상적인 정치 활동이 불가능해졌고 왕권도 크게 약화되었습니다. 세도 가문에게 돈을 주고 관직을 산 수령들이 백성을 심하게 수탈하는 삼정의 문란이 심해지면서 전국 곳곳에서 농민 봉기가 일어나기도 했습니다.

☸ 숙종과 영조의 불교 정책

왜란과 호란을 극복하는 과정에서 의승군의 활약으로 조선 정부의 불교에 대한 인식은 어느 정도 개선되었습니다. 하지만 성리학을 중시하는 입장에서 불교를 바라보는 시각이 완전히 달라진 것은 아니었습니다. 스님들은 성을 쌓거나 보수하는 등 각종 공사 현장에 자주 동원되었습니다. 또한 전쟁으로 많은 사찰이 불타 없어지고 스님들도 희생되어 불교 기반도 약해졌습니다.

그러나 불교계는 양난 이후 통치 체제가 재정비되는 과정에서 새로운 변화를 시도하였습니다. 불교와 성리학의 가치 중에서 공통점을 찾아 이를 크게 부각시켰습니다. 즉 불교와 성리학의 조화를 추구한 것입니다. 이러한 변화를 배경으로 숙종과 영조는 정부의 불교 정책을 재정립하게 됩니다.

삼정
조선 시대 국가의 주요 재정 수입원인 전정(토지세), 군정(군포 징수), 그리고 춘궁기에 곡식을 농민에게 빌려 주고 그 이자 수입으로 재정을 충당하던 환정(환곡)을 말합니다. 세도 정치기에는 수령과 아전들이 농민을 수탈하는 수단으로 이용하여 삼정이 크게 문란해졌습니다.

숙종 때는 청을 통해 천주교가 국내에 들어오려던 시기였습니다. 청을 통해 프랑스 선교사가 조선으로 입국을 시도하자 숙종은 이를 금지하였습니다. 그리고 잘 알지 못했던 천주교를 금지하는 대신 우리 생활 속에서 오랫동안 이어져 온 불교를 배려하는 방향으로 정책을 바꾸었습니다. 이에 따라 궁궐 내의 여성들이 개인적으로 불교를 믿거나 승려들이 도성에 출입하는 것을 묵인하게 되었습니다. 또한 북한산성을 쌓으면서 그 안에 11개나 되는 사찰을 세우고, 이를 호국 사찰로 삼았습니다.

영조는 숙종보다 더 호의적인 태도로 불교 정책을 폈습니다. 영조가 즉위했을 무렵, 도성 인근의 사찰 문제와 양인 여성의 출가가 증가하는 문제가 논란이 되면서 이를 금지할 것을 요구하는 유생들의 상소가 빗발쳤습니다. 하지만 영조는 불교가 성리학의 도를 해치는 것이 아니라며 이를 받아들이지 않았습니다. 이 밖에도 왜란과 호란 중 불타 없어진 사찰들을 다시 짓는 과정에 왕실은 물론 지방관이 직접 참여하는 일도 많아졌습니다. 사찰의 원당을 없애고 왕릉 주변에 사찰을 세우는 것을 금지했지만, 이것은 불교 자체를 탄압한 것이라기보다는 국가를 운영하는 과정에서 나타난 문제들을 시정한 것에 불과하였습니다. 이렇게 숙종에서 영조로 이어지는 시기에 조선 정부가 불교를 배려하는 방향으로 정책을 바꾸면서 조선의 불교계는 점차 안정을 되찾았고, 발전을 도모할 수 있는 계기를 맞게 됩니다.

이후 불교계는 정조가 불교를 지원하는 정책을 펴면서 더욱 활기를 띠게 되었습니다. 전국의 사찰 수가 증가하고, 승려의 수도 크게 늘어났습니다. 15세기 이후 억불 정책에 시달렸던 불교계에 새로운 변화가 나타난 것입니다.

✸ 정조와 용주사

정조의 불교 정책은 용주사 창건을 계기로 크게 바뀝니다. 정조는 즉위 초에는 불교를 억압하는 정책을 폈으나, 용주사 창건 이후에는 적극적으로 불교를 보호하는 정책을 펴게 됩니다. 이렇게 불교 정책이 바뀌게 된 계기는 정조와 보경 스님의 만남이었습니다.

정조는 보경 스님을 통해 부모님의 열 가지 은혜를 담고 있는

용주사의 부모은중경 탑

《부모은중경》을 접하게 됩니다. 평소 아버지 사도세자를 그리워하던 정조는 이를 계기로 불교에 대한 생각을 바꾸게 된 것입니다. 그리고 사도세자의 넋을 위로하고자 용주사를 창건하기로 하고 보경 스님을 팔도도화주로 임명해 그 책임을 맡겼습니다.

용주사는 정조가 경기도 양주에 있던 아버지 사도세자의 묘를 화성의 화산 아래로 옮겨 현륭원(고종 때 융릉으로 격상됨)으로 격을 올린 후, 사도세자의 명복을 빌기 위해 창건되었습니다. 정조가 강력한 의지를 가지고 용주사 건립을 추진하면서 중앙과 지방 관청은 물론 민간 상인까

정조가 용주사에 내린 게송

소자(小子, 정조)는 가만히 대해(大海) 같은 양묵(量墨)을 취해서 수미산 같은 필(筆)로써 이 팔만사천 보안법문(八萬四千普眼法門)의 경의승교(經義乘敎)를 베껴 쓰고 삼가 게어(偈語)를 지어 삼업(三業)의 공양을 본받아 은혜에 보답하는 복전을 짓고자 합니다. …… 부모는 길러주신 은혜가 있으니 공경으로써 공양하면 이것이 바로 보은의 길입니다.　　　　　　　　　- 〈어제화산용주사봉불기복게〉

〈어제화산용주사봉불기복게〉는 1795년에 정조가 직접 짓고 써서 화산 용주사에 내린 것으로, 부처의 공적을 칭송하는 불교식 게송입니다.

지 적극적으로 시주에 동참해 사찰 건립에 참여했습니다. 이렇게 많은 지원을 받은 결과 용주사는 7개월이란 짧은 기간에 완성되었습니다. 그리고 정조는 아버지 사도세자에 대한 자신의 효심을 담아 《부모은중경》 목판을 제작하여 용주사에 하사하였습니다.

❀ 사찰 중수

왜란과 호란 이후 불교계 위상이 재정립되면서 17세기 후반부터 전쟁으로 불타 없어진 사찰을 다시 짓는 중수重修 사업이 활발해졌습니다. 처음에는 사찰의 중심이 되는 건물들이 복원되었고, 숙종부터 정조에 이르는 시기에 2차 중건 사업이 벌어져 법당과 불상, 불화 등이 만들어졌습니다. 현재 남아 있는 대규모 사찰들도 대부분 이 시기에 다시 지어진 것들입니다.

이렇게 사찰을 다시 짓는 데에는 많은 비용이 필요했습니다. 그 비용의 대부분은 왕실을 비롯한 유력 가문들의 적극적인 시주를 통해 충당했습니다. 아울러 왕실과 관련이 있는 사찰에는 특별한 우대 조치가 취해지기도 했습니다.

한편, 사찰들은 안정된 경제 기반을 마련하기 위해 왕실이나 유력 가문의 위패를 모시는 원찰願刹이 되려고 하였습니다. 하지만 조선 정부는 사찰이 위패를 봉안하여 왕실이나 유력 가문과 연결되는 것을 막았습니다. 이 때문에 왕실이나 유력 가문의 지원을 받지 못한 사찰은 경제적으로 매우 빈곤하여 사찰을 유지하기 어려웠습니다. 이에 스님들은 사찰을 유지하기 위해 다양한 방법을 찾아 나섰습니다.

　16세기 말부터 시작된 스님들의 계契 조직은 사찰을 유지하는 데 중요한 역할을 하였습니다. 17세기 이후에는 스님들이 개인적으로 논밭을 소유하고, 보사청補寺廳을 설치하여 사찰의 유지 비용을 마련하였습니다. 보사청은 고위직 스님들이 사찰의 경제적 자립을 위해 설치한 일종의 사설 금융기관이었습니다. 또한 각종 공물 생산이나 공예품을 만들어 판매해 그 비용을 사찰 운영에 충당하기도 하였습니다.

　그러나 19세기에 세도 정치가 나타나면서 수취 체제가 문란해져 스님들의 사찰 운영 비용 마련 노력이 어려움에 부딪히기도 했습니다. 세도 가문은 사찰에도 과도한 공물과 세금을 요구하였고, 부역에 스님들을 동원하는 일도 잦아졌습니다. 이 때문에 일부 사찰은 유지조차 어려울 정도로 큰 위협을 받기도 하였습니다.

《부모은중경》

《부모은중경》이란 부모님의 은혜가 크고 깊음을 가르치는 불교 경전으로, 《불설대보부모은
중경佛說大報父母恩重經》이라고도 합니다. 이 경전은 본래 인도에는 없던 경전으로 중국에서 만
들어졌습니다. 불교가 중국에 전해졌을 때 중국 사회에서는 속세와 인연을 끊는 불교의 출가
수행을 불효라고 비판하여 심리적으로 커다란 거리감을 내비쳤습니다. 이런 상황에서 중국
불교계에서 효를 강조하는 유교 사상을 부분적으로 받아들여 새롭게 만들어진 경전입니다.
《부모은중경》은 유교적 가치를 강조했던 조선에서 가장 많이 간행된 경전이기도 합니다. 조
선 초기부터 그림을 덧붙인 판본이 많이 간행되었고, 조선 중기 이후에는 한글로 번역된 경
전이 간행되기도 하였습니다.

부모은중경 판

개항, 불교의 새로운 전환점이 되다

이동인

개화기에 활동했던 승려 이동인의 모습입니다. 이동인은 개화당에 참여하여 개화 운동을 전개했던 대표적인 개화 승려입니다. 개화 운동 과정에서 불교계는 어떤 활동을 하였고, 불교계에는 어떤 변화가 나타났을까요?

19세기 후반, 세도 정치와 삼정의 문란으로 농민 봉기가 전국적으로 확산되고, 서양 세력의 접근으로 위기감이 높아지는 가운데 고종이 즉위하였습니다. 하지만 고종의 나이가 어렸기 때문에 그 아버지인 흥선대원군이 대신 정치에 나섰습니다. 흥선대원군은 과감한 개혁 정치로 세도 정치의 폐단과 삼정의 문란을 극복하고자 하였고, 통상 수교 거부 정책을 통해 서양 세력의 접근을 막았습니다.

하지만 개혁 정책 중 일부가 양반 유생들의 반발을 사면서 흥선대원군은 권력에서 물러났습니다. 그리고 고종이 직접 정치에 나서면서 서양과 교류를 통해 나라를 근대화해야 한다고 주장하는 개화론자들이 등장하였습니다. 이를 배경으로 1876년에 강화도 조약을 체결해 조선은 일본에 문호를 개방하였습니다. 이후 조선은 미국을 비롯한 서양 열강과도 수교 조약을 맺어 국제무대에 나서게 됩니다.

하지만 개항 이후에도 서양 문물을 받아들여 근대화를 추진하려는 세력과 조선의 전통 질서를 지켜야 한다는 세력 사이에서 대립이 계속되었습니다. 개화에 반대하는 세력은 서양을 배척하고 성리학적 질서를 지키자는 위정척사 운동을 전개하였고, 구식 군인들은 민중들과 임오군란을 일으켜 조선 정부의 개화 정책에 반발했습니다. 반면, 개화를 추진하던 세력은 갑신정변을 일으키고, 갑오·을미 개혁을 단행하였습니다. 고종도 대한제국을 세우고 광무개혁을 추진하는 등 근대화를 위해 노력했습니다.

　　그러나 을사늑약 이후 일제의 침략이 본격화되면서 대한제국은 점차 국권을 잃어 갔습니다. 일제의 침략에 맞서 다양한 계층이 항일 의병을 일으키고 애국 계몽 운동을 전개하는 등 다양한 민족 운동을 벌였지만, 끝내 대한제국은 1910년에 일제에 강제 병합되고 말았습니다.

✿ 불교 정책의 변화

　　고종이 왕위에 오르면서 권력을 잡게 된 흥선대원군은 불교에 우호적인 태도를 보였습니다. 흥선대원군은 보광사의 중창 불사에 시주하고 화계사 중건 불사에는 석공과 목공을 지원하였습니다. 여러 사찰 건물의 현판을 직접 쓰기도 하였습니다. 이러한 사찰 중건에 대한 왕실의 후원은 정조의 호불 정책 이후 19세기 전반에 걸쳐 계속되어 왔습니다. 그 결과 사찰 수가 증가하여 불교계는 새로운 분위기를 맞게 됩니다.

흥천사 현판
흥선대원군이 썼다고 전하는 현판입니다.

　　개항 이후 불교계는 다른 종교와 경쟁을 벌여야 하는 처지에 놓이게 됩니다. 천주교와 개신교가 포교의 자유를 얻어 본격적으로 활동하였고, 일본 신도神道와 불교도 조선에 들어왔습니다. 하지만 조선 초부터 계속되어 온 억불 정책의 굴레에서 완전히 벗어나지 못한 불교계는 여러 모로 불리한 상황에 놓여 있었습니다.

　　대한제국이 수립되자, 정부는 새로운 불교 정책을 시행하였습니다. 정부가 직접 나서서 불교를 관리하는 관리서를 설치하고 승려들을 관리하는 승정 제도를 마련한 것입니다. 이에 따라 1902년에 동대문 밖에 원흥사가 세워졌고, 이곳에 총섭이 파견되었습니다.

그리고 도섭리와 내산섭리 등의 승직도 설치되었습니다. 또한 궁내부의 칙령으로 사찰을 관리하는 '사사관리세칙'이 발표되어 원흥사를 대법산으로, 그리고 전국의 주요 사찰을 중법산으로 지정하였습니다.

그러나 이러한 불교 정책은 오래가지 못했습니다. 일제의 간섭으로 2년 만에 관리서가 폐지되면서 정부가 직접 불교를 관리하려던 정책은 중단되고 말았습니다. 이후 승려들은 원흥사를 중심으로 스스로 승단을 운영하게 되었습니다.

관리서
관리서는 1902년에 전국의 사찰과 산림, 성보 등에 관한 업무를 담당하는 관청으로 궁내부 아래에 설치되었습니다.

초등학교로 변한 원흥사
대한제국이 세운 국립 사찰이었으나 오래가지 못하고 곧 초등학교(오늘날의 창신초)로 바뀌었다.

✸ 개화 운동과 불교

문호개방 이후 개화 운동이 전개되자 새로운 사회 주도층으로 개화당 세력이 떠올랐습니다. 그런데 이 개화당에 참여한 인물 중 상당수는 불교와 밀접한 관련을 맺고 있었습니다. 개화당의 핵심 인물이었던 유홍기(유대치)를 비롯하여, 유홍기의 제자였던 김옥균 등은 불교에 큰 관심을 갖고 있었고, 직·간접적으로 불교와 연결되어 있었습니다. 예컨대 김옥균이 즐겨 썼던 '고균두타古筠頭陀'라는 별호에서 두타란 '번뇌의 티끌을 없애고 청정하게 수행하는 것'을 뜻하는 범어입니다. 이처럼 김옥균의 일상생활에서 불교와 관련된 흔적들을 쉽게 찾아볼 수 있습니다.

개화당의 핵심 인물과 불교의 관련성에 대해 이능화는《조선 불교통사》에서 다음과 같이 말하고 있습니다.

> 김옥균과 서광범 등은 본래 귀족들의 자제들로서 육식도 하는 속인들이었다. 그렇지만 불법의 이치를 듣고부터는 더욱 확신을 얻고 일본으로 건너가 견문을 넓힌 다음, 드디어는 조선 사회의 혁신을 결심하게 된다. 그리하여 뒷날 그들은 '정변'을 일으키게 되는데, 이는 그들이 배운 불법의 이치를 바로 세간 법에다가 응용해 보려는 것이었다. 그러나 그 사상의 연원을 살펴본다면 이는 실로 유대치로부터 시발이 되는 것이다.

한편 개화사상과 불교를 직접 연결할 수 있는 인물로는 승려로

서 개화당에 들어가 활동했던 이동인과 탁정식 등이 있습니다. 이
동인은 범어사 출신의 스님으로 김옥균을 만나면서 본격적으로 개
화 운동에 참여했습니다. 그는 1879년에 김옥균 등의 주선으로 일
본으로 건너가 일본의 근대화 모습을 직접 살펴보았고, 1880년에는
수신사로 일본에 갔던 김홍집을 만나 외교 활동에도 참여하였습니
다. 귀국 후에는 민영익의 집에 기거하며 고종을 만나 국제 정세에
대해 의견을 나누기도 하였습니다. 1880년 9월에는 미국과의 수교
를 요청하기 위해 일본에 파견되어 주일청국공사 하여장을 만났으
며, 1881년 3월에는 통리기무아문의 참모관이 되어 조사시찰단의
일원으로 일본에 다녀오기도 했습니다.

이러한 이동인의 활동이 불교계 전체의 움직임이라고는 말할
수 없지만, 개항 이후 불교계의 새로운 변화 모습을 보여주고 있습
니다. 즉, 불교가 개화 운동의 전개 과정에서 일정 부분 중요한 역
할을 했다는 점입니다. 특히 개화 승려들이 개화 정책과 국정에 자
문을 하고 있다는 점은 이후 불교계의 위상이 재정립되는 중요한
계기가 되었습니다.

✿ 스님의 도성 출입 허용

개항 이후 불교가 개화 운동에 영향을 끼치면서 불교에 대한
정부의 정책에도 변화가 나타납니다. 조선시대의 대표적 억불 정책
은 스님의 도성 출입을 금지한 것입니다. 즉, 스님이 도성을 출입하

다 적발되면 곤장 100대를 때린 후 노비로 만들도록 규정한 것입니다. 세종 때에 만들어진 이 규정은 16세기 말에 일시적으로 완화되기도 했지만, 인조반정 이후 19세기 말까지 계속되었습니다. 물론 이 규정이 원칙대로 지켜졌는지는 의문이지만, 조선 시대 내내 스님들이 도성 출입을 자유롭게 하지 못했던 것은 사실이었습니다.

그런데 1895년 4월에 고종은 이 금지 조치를 해제했습니다. 이 조치는 당시 총리대신이었던 김홍집과 내무대신 박영효의 건의에 따른 것이었습니다.

> 총리대신 김홍집과 내무대신 박영효가 아뢰기를,
>
> "이제부터 승도(僧徒)들이 성으로 들어오지 못하게 하던 그 전 금령을 해제하는 것이 어떻겠습니까?" 하니,
>
> 윤허하였다.
>
> _《고종실록》고종 32년 3월 29일 기사

당시 조선에서는 천주교나 개신교 선교사가 자유롭게 왕래하던 상황이었고, 일본 신도와 불교도 국내에 들어와 활동하던 시기였습니다. 이런 상황에서 불교 스님들에게만 도성 출입을 금지하는 것은 합리적이지 못하다고 생각한 것입니다. 더구나 갑오개혁으로 신분제가 폐지되면서 스님에 대한 차별 조치를 유지할 필요도 없어졌습니다. 이에 고종은 스님의 도성 출입 금지 조치를 해제하라고

명령하였습니다.

하지만 이 조치는 한동안 해제와 금지가 반복되는 혼란을 겪었습니다. 1896년에 조선 정부가 다시 승려의 도성 출입을 금지한 이후, 해제와 금지가 반복되다가 최종적으로 1905년 7월에 완전히 폐지됩니다. 이로써 조선시대의 억불 정책은 사실상 폐지되었다고 할 수 있습니다. 스님들이 도성에 자유롭게 출입하며 포교 활동을 할 수 있게 되면서 불교계는 새로운 발전의 시기를 맞게 됩니다.

더 알아보기

원흥사는 왜 세워졌을까요?

원흥사가 창건된 목적에 대해서는 몇 가지 의견이 있습니다. 개항 이후 조선에 들어온 일본 불교의 교세가 날로 세력을 떨치자, 이를 견제하려는 목적에서 창건되었다는 주장이 있습니다. 하지만 황실에서 내탕금 20만 냥을 하사하여 원흥사 창건에 보태도록 하였고, 황실과 관련된 행사가 지속적으로 거행된 사실을 보면 국가의 안녕과 황실의 평안을 기원하기 위해 세워졌다고 볼 수 있습니다. 그리고 원흥사에 사사관리서가 설치된 것을 보면, 전국 13도의 모든 사찰을 관리하기 위한 목적도 있었던 것으로 보입니다. 따라서 원흥사는 국가의 안녕과 황실의 기복, 그리고 전국 사찰을 관리하게 위해 창건되었다고 볼 수 있습니다.

일제의 불교 통제에 맞서 싸우다

대한승려연합회 독립선언서

이 선언서는 1919년 11월 15일에 대한승려연합회의 이름으로 중국 상하이에서 발표된 〈승려 독립 선언서〉입니다. 12명의 승려가 발표한 이 독립 선언서는 불교계에서 전개한 독립 운동의 상징이라고 할 수 있습니다. 일제의 식민 통치에 맞서 불교계는 어떤 항일 운동을 전개했을까요?

✸ 일제의 식민 통치와 독립 운동의 전개

1910년 일제는 대한 제국의 국권을 빼앗고 조선 총독부를 설치해 우리 민족을 지배하였습니다. 헌병 경찰을 앞세워 무력으로 우리 민족의 저항을 억압하며 한국인을 식민 지배에 순종하도록 만들어 갔습니다. 하지만 우리 민족은 1919년 거족적인 3·1운동을 통해 독립 의지를 전 세계에 알렸습니다.

3·1운동을 계기로 일제는 식민 통치 방식을 바꾸었습니다. 무력만으로 한국인을 지배할 수 없다는 것을 깨달은 일제는 이른바 '문화 통치'라는 새로운 식민 통치 방식을 내세웠습니다. '문화 통치'는 한국인의 불만을 잠재우고 친일파를 양성해 우리 민족을 분열시키려는 데 목적이 있었습니다.

1937년 중·일 전쟁을 일으킨 일제는 우리 민족을 침략 전쟁에 동원하기 위해 민족 말살 정책을 본격화하였습니다. 민족 말살 정책은 말 그대로 한국인의 민족의식을 없애고 일본 국왕에 충성하는 일본 국민으로 만들려는 것이었습니다.

3·1운동 이후 우리 민족은 일제의 식민 통치에 맞서 다양한 형태의 민족 운동을 전개하였습니다. 국내에서는 민족주의자들이 중심이 되어 실력 양성 운동을 전개하였고, 사회주의자들은 농민운동과 노동운동을 벌였습니다. 학생들도 3·1운동의 정신을 이어받아 6·10만세 운동과 광주 학생 항일 운동을 일으켜 일제의 식민 통치에 저항했습니다.

국외에서도 중국 상하이에 대한민국 임시정부가 세워지는 등 다양한 활동이 전개되었습니다. 만주에서는 많은 독립군이 조직되어 일본군과 직접 맞서 싸우는 항일전을 벌였습니다. 특히 일제가 1941년에 태평양 전쟁을 일으키자, 대한민국 임시 정부의 한국광복군은 연합군과 함께 일제에 맞서 싸웠습니다. 이러한 우리 민족의 끊임없는 노력의 결과 1945년 8월 15일, 드디어 우리 민족은 일제의 식민 지배에서 벗어나 독립을 이루게 됩니다.

✿ 총독부의 불교 통제

1910년 대한제국의 국권을 빼앗은 일제는 불교를 비롯한 국내 모든 종교계의 활동을 통제했습니다. 특히 일제는 한국 불교를 일제의 식민 지배에 유리한 방향으로 이끌기 위해 1911년에 사찰령과 그 시행규칙을 제정했습니다.

사찰령은 사찰을 병합하거나 이전 또는 폐지하고자 할 때 반드시 총독의 허가를 받도록 하고, 전국의 사찰을 30개의 본사와 말사로 재편성하는 규정을 담고 있습니다. 또한 사찰의 땅과 가람은 지방 장관의 허가를 받지 않고서는 사용할 수 없도록 규정하였습니다. 이는 사찰 전체를 조선 총독의 통제 아래 두고 종교 활동까지 규제하려는 의도를 담고 있는 것입니다. 뿐만 아니라 사찰의 재산과 성보는 조선 총독의 허가를 받아야만 처분할 수 있도록 규정함으로써 사찰의 재산권과 자율권도 침해했습니다. 또한 시행규칙에서 주지의 선발과 교체 절차, 임기 등을 규정하고, 승려들이 결혼하는 것을 가능하게 하여 한국 불교의 수행 풍토를 무너뜨리려고 하였습니다.

사찰령의 시행으로 전국 사찰은 30개의 본산을 중심으로 나누어지고, 본사 주지에게 사찰 운영 권한이 집중되었습니다. 그 결과 불교계는 전국 단위의 조직적인 활동이나 협력 자체가 불가능해 졌습니다. 아울러 한국 불교는 행정적으로 총독부에 종속되고 승려들의 세속화를 가져오게 되었습니다.

〈사찰령〉

제1조 사찰을 병합 이전하거나 폐지하고자 할 때는 총독의 허가를 받아야 함.

제2조 사찰의 기지와 가람은 지방장관의 허가 없이 전법, 포교, 법요 집행과 승니지주의 목적 이외에 이를 사용하거나 사용케 하지 못함.

제3조 사찰의 본말 관계, 승규 법식, 기타 필요한 사법(寺法)을 각 본사에서 정하고 조선총독의 허가를 얻어야 함.

제5조 사찰에 속하는 토지, 삼림, 건물, 불상, 석물, 고문서, 고서화, 기타의 귀중품은 총독의 허가를 얻지 않고서는 이를 처분할 수 없음.

제7조 본령에 규정된 것 이외에 사찰에 관하여 필요한 사항은 조선총독이 이를 정함.

- 《조선총독부관보》, 1911년 6월 3일

✹ 불교 교육 제도의 마련

개항 이후 억불 정책에서 벗어난 불교계는 능력 있는 청년 인재의 양성이 필요하다는 사실을 깨닫게 됩니다. 조선시대 내내 침체에서 벗어나지 못했던 한국 불교가 다시 발전할 수 있는 계기를 마련하기 위해서는 무엇보다 젊고 유능한 인재를 키우는 것이 시급했기 때문입니다. 아울러 시대의 흐름에 맞춰 근대적 학문에 대한 이해 능력을 갖춘 인재가 필요하다고 판단했습니다. 이에 불교계는 일반 학문에 대한 연구와 근대적인 교육 제도를 수립하려고 노력하였고, 그 결과 1906년에 명진학교가 설립되었습니다.

명진학교는 1910년 통감부의 사립학교령에 따라 불교사범학교로 개편되었고, 1914년에는 30본산 주지들의 결의에 따라 불교고등강숙으로, 1915년에는 다시 불교중앙학림으로 개편되었습니다. 그리고 지방에는 중등과정의 지방학림이 세워졌습니다. 이로써 초등 과정의 보통학교, 중등 과정의 지방학림, 전문학교 과정의 중앙학림으로 체계화된 근대적인 불교 교육 제도의 틀을 갖추게 되었습니다.

한편 1920년대 이후 각 사찰에서는 전통 강원講院을 부활시키려는 움직임이 나타났습니다. 전통 강원은 근대적 교육이 중시되고 지방학림이 성장함에 따라 점차 그 지위를 잃어 갔습니다. 하지만 근대 학문을 공부한 스님들이 전통 불교를 경시하고 세속화되는 경향을 보이면서 일부 불교계에서는 근대 학문의 실효성에 의문을 갖

통감부
일제가 을사늑약에 따라 대한제국의 외교 업무 대행을 위해 1906년에 설치한 기구입니다. 이후 1910년 국권 피탈로 총독부가 설치될 때까지 통감부는 사실상 대한제국의 국정 전반을 모두 장악한 통치 기구 역할을 하였습니다.

강원
사찰 내에 설치되어 불경을 연구하고 교육하던 기관을 말합니다.

게 되었습니다. 이런 상황에서 1925년에 대강백 진하 스님
이 입적하자, 이를 계기로 경론을 강의하는 강백을 육성하
기 위한 전문 강원이 필요하다는 여론이 확산되었습니다.
그 결과 해인사, 범어사 등에 전문 강원이 복원되었고, 이후
전국 각지의 사찰에서 강원이 다시 문을 열게 되었습니다.

명진학교
1906년 설립된 근대적 불교
전문 학교입니다.

✿ 불교계의 항일 운동

불교계의 항일 운동은 1919년 3·1운동을 계기로 전국적으로
일어났습니다. 중앙에서는 한용운과 백용성이 민족 대표 33인에 참
가하였고, 경남의 해인사, 부산의 범어사, 전남의 송광사 등 지방 여
러 사찰에서도 만세 시위를 전개하였습니다. 특히 한용운의 지도를
받던 중앙학림의 학생들이 1만여 매의 독립 선언서를 전국의 주요
사찰에 전달함으로써 지방 사찰을 중심으로 만세 운동이 확산되는
데 중요한 역할을 하였습니다.

3·1운동에 참여한 승려와 불교 청년들은 중국 상하이에 세워
진 대한민국 임시정부를 비롯해 만주에서 조직된 여러 독립 운동
단체에 참가해 활발한 활동을 전개하였습니다. 구암사 스님이었던
박한영과 월정사 스님인 이종욱은 한성 정부 수립의 계기가 된 〈국
민 대회 취지서〉에 불교 대표로 이름을 올렸습니다. 월정사 출신 스
님인 송세호는 대한민국 임시정부의 입법 기관인 임시의정원의 강
원도 대표로 활동하였습니다. 또한 대한민국 임시정부와 연결된 대

한용운

신흥무관학교
독립군을 키워내기 위해 1919
년에 만주에 설립되었던 군사
교육 기관입니다.

한민국 청년외교단, 대동단, 대한 독립 애국단 등에서 스님 출신인 정남용, 신상완, 이운파 등이 활동하기도 하였습니다.

한편 불교계는 1919년 11월 상하이에서 〈승려 독립 선언서〉를 작성해 배포하였습니다. 이 선언서에는 불교계가 일제의 식민 통치에 맞서 항쟁하겠다는 강한 의지가 담겨 있습니다. 아울러 선언서 발표를 주도한 신상완, 백초월, 김법린, 백성욱 등은 전국의 스님들을 모아 대일 항쟁을 위한 의승군을 조직하려 했으나, 일제에 발각되어 실패로 끝나고 말았습니다.

이 밖에도 해인사 출신 스님인 강재호와 김봉율, 대둔사 출신 스님인 박영희 등은 신흥무관학교에 들어가 무장 독립 투쟁에 참여하였고, 봉선사 출신 스님 이운허와 김성숙은 서로군정서와 사회주의 계열의 독립 운동 단체에서 활동하기도 하였습니다. 이 밖에도 많은 스님들이 군자금을 모금하여 대한민국 임시정부에 전달하는 등 국내외에서 활발한 독립 운동을 전개하였습니다.

한편 청년 스님들은 1920년부터 조선불교청년회를 결성하여 불교계의 개혁 운동을 전개하였습니다. 1921년에는 조선불교청년회의 행동대격인 조선불교유신회가 주축이 되어 사찰령 철폐 운동을 전개하기도 하였습니다.

✸ 광복과 전쟁 후의 불교계

8·15광복 후 불교계는 전국불교대회를 열어 교구제敎區制를 정

하고 중앙에는 총무원, 각 도에는 교무원을 설치하였으며, 종헌宗憲에 따라 조직을 강화하였습니다.

6·25전쟁 후에는 파괴된 100여 개의 사찰을 중수하는 사업에 매진하는 한편, 고아원과 각급 학교들을 세워 교육과 문화운동에도 적극 나서게 되었습니다. 그러나 1954년 이후 비구比丘와 대처帶妻의 분쟁으로 불교교단은 여러 개의 종단으로 분열되었습니다. 현재 교육부에 등록된 불교 종파는 최대 종단인 조계종 외에 30여 개에 이르며, 전국 곳곳의 사찰 및 포교원 외에 조계종의 《불교신문》을 비롯한 여러 매체들이 있어 불교의 대중화에 기여하고 있습니다.

더 알아보기

중앙학림이란 어떤 곳인가요?

중앙학림은 1915년부터 1922년까지 서울 명륜동에 있었던 불교계의 고등 교육 기관입니다. 1922년 불교계의 3·1운동을 주도했다는 이유로 강제 폐교되었다가 1928년 중앙불교전수학교라는 이름으로 다시 문을 열게 되었고, 1930년에는 중앙불교전문학교로 승격되었습니다. 이후 1940년에는 혜화전문학교로, 광복 이후인 1946년에는 동국대학교로 이름이 바뀌어 오늘날까지 이어져 오고 있습니다.

불교는 2,600여 년 전 인도에서 시작되어 1,600여 년 전 중국을 거쳐 우리나라에 들어왔습니다.

불교가 우리나라에 전래되면서 우리의 고대 사회는 빛을 발하기 시작하였고, 자연 숭배의 일차적 신앙에서 인간의 가치와 자아自我를 깨닫는 정신 세계의 큰 변화를 가져왔습니다. 뿐만 아니라 우리나라 역사와 문화의 한 부분으로 중요한 자리를 차지하게 되었습니다.

불교는 삼국시대와 고려시대를 거치면서 우리 민족의 생활 전반에 중심축으로 자리 잡았습니다. 조선시대의 숭유억불 정책으로 잠시 멈칫거린 적도 있지만 불교는 우리가 살고 있는 현대 사회까지 많은 영향을 끼쳐오고 있습니다. 이처럼 우리나라에서의 불교는 단순히 불교 신자들의 신앙이 아니라 우리나라 역사와 문화를 이끌어 온 사상의 한 축이었다는 것을 아무도 부정할 수 없습니다.

그동안 여러 학자들이 이러한 우리나라의 불교사에 대해 각종 연구서를 출간하였지만, 일반 대중이나 학생들이 이해하기에는 조금 어려움이 있었습니다. 대부분 대중과는 거리가 먼 전문적인 서적이었기 때문입니다. 지금도 일반 대중이나 학생들이 쉽게 이해할 수 있는 불교사에 대한 책은 없다고 해도 과언이 아닙니다. 이러한 현실에서 우리나라의 문화와 역사를 이끌어온 우리 불교의 유구한 역사와 다양한 모습을 이해할 만한 길잡이를 출간하게 되었습니다.

과거의 역사는 한갓 진부하고 낡은 파편이라고 생각할 수도 있습니다. 그러나 그 파편들이 현재의 우리를 만들어 냈다는 것을 잊어서는 안 됩니다. 과거를 열어서 이해하고 탐구하는 것이 현재를 지나 미래의 우리를 만드는 원동력이 될 수 있다고 생각합니다. 이 책을 통해 우리 불교사에 대한 독자들의 이해에 조금이라도 도움이 되었으면 합니다.

한 가지 아쉬운 점이 있다면 이 책은 현대의 불교사까지 살펴보지 못하고 일제 강점기 시대의 불교까지만 다루었습니다. 해방 이후 불교는 양적으로나 질적으로 많이 성장했고, 이를 정리한 연구도 없지 않습니다. 그러나 현대의 불교에 대한 해석은 아직 다양한 의견들이 충돌하는 부분이 많아 함부로 요약하기가 어려운 것도 사실입니다. 이에 우리 저자들도 부득이 현대사에 대해서는 다음 기회로 미뤄두기로 하였습니다. 모쪼록 이 책이 우리 불교의 역사, 우리 문화의 역사, 우리 정신의 역사를 바르게 이해하는 길잡이가 되기를 발원합니다.

저자를 대표하여 서인원

청소년을 위한
우리 불교사

2018년 9월 3일 초판 인쇄 | 2018년 9월 13일 초판 발행

지은이 서인원·송치중·이은령·강승호
기획 대한불교조계종 불교사회연구소

펴낸이 한정희
펴낸곳 종이와나무
총괄이사 김환기
편집·디자인 김지선 박수진 유지혜 한명진
마케팅 유인순 하재일
출판신고 제406 - 2007 - 000158호

주소 경기도 파주시 회동길 445 - 1 경인빌딩 B동 4층
대표전화 031 - 955 - 9300 | 팩스 031 - 955 - 9310
홈페이지 www.kyunginp.co.kr | 전자우편 kyungin@kyunginp.co.kr

ISBN 979-11-88293-04-9 03200
값 18,000원